CARTULAIRE DE L'ABBAYE

DE

LANDEVENEC

PUBLIÉ POUR LA

SOCIÉTÉ ARCHÉOLOGIQUE DU FINISTÈRE

PAR

Arthur DE LA BORDERIE

Correspondant de l'Institut.

—

PREMIÈRE LIVRAISON

TEXTE DU CARTULAIRE, AVEC NOTES ET VARIANTES.

———•›››✕‹‹‹•———

RENNES

IMPRIMERIE DE CH. CATEL ET Cie

rue Leperdit, 2 bis.

—

1888

CARTULAIRE DE LANDEVENEC.

TABLE DE LA PREMIÈRE LIVRAISON

VITA SANCTI WINWALOEI

(Grande Vie latine de S. Gwennolé).

	Pages.
Préface.	1
Table des chapitres.	3
Livre premier.	7
Livre second.	54
Livre troisième (Vie abrégée de S. Gwennolé en vers latins).	103
Hymnes en l'honneur de S. Gwennolé.	120
Leçons de l'office de S. Gwennolé.	129
Vie de S. Idunet ou S. Ethbin.	137

MONASTERII LANDEVENECENSIS CHARTÆ

(Chartes de l'abbaye de Landevenec).

Liste des abbés de Landevenec.	143
Chartes et notices.	144
Liste des comtes de Cornouaille.	172
Suite des chartes et notices.	173

NOTES.

Variantes, notes et corrections tirées des divers manuscrits.	180
Index des citations bibliques.	213

LISTE DES SOUSCRIPTEURS

Membres de la Société Archéologique du Finistère.

Président : M. le Vte HERSART DE LA VILLEMARQUÉ, membre de l'Institut. Quimperlé.

Vice-Présidents.
- Mgr F. DU MARHALLAC'H, protonotaire apostolique. Quimper. (2 exemplaires.)
- M. LUZEL, archiviste départemental. Quimper.
- M. TRÉVÉDY, ancien président du tribunal de Quimper, rue Cheverus, 7, à Laval (Mayenne).

Secrétaires.
- M. le V^{td} DE BLOIS, Aymard, ancien conseiller de préfecture. Quimper. (4 exemplaires.)
- M. SERRET, propriétaire à Quimper. (4 exempl.)

Bibliothécaire : M. DIVERRÈS, ancien avoué. Quimper. (4 exemplaires.)

Trésorier : M. LE MAIGRE, directeur de la Société *Le Finistère*, place Saint-Corentin, 28, à Quimper. (4 exemplaires.)

MM.

ABGRALL, aumônier de l'Hospice, à Quimper. (2 exemplaires.)
AFFICHARD fils, propriétaire à Quimper.

MM.

Baron D'AMPHERNET, propriétaire à Versailles.

ASHER, libraire, Unter den Linden, 5, Berlin (Prusse).

ASTOR, maire de Quimper.

BEAU, directeur du Musée, à Quimper.

DE BÉCOURT, receveur particulier des finances en retraite, à Quimper. (2 exemplaires.)

BIGOT, architecte diocésain. Quimper.

DE BLOIS, Xavier, à Évron (Mayenne).

DE LA BORDERIE, Arthur, correspondant de l'Institut, à Vitré.

Le marquis DE BREMOND D'ARS MIGRÉ, à la Porte-Neuve, près Pont-Aven (Finistère.)

CANVEL, professeur, rue du Parc, à Quimper. (2 exemplaires.)

Comte DE CARNÉ, Edmond, à Quimper.

Vicomte DE CARNÉ, Olivier, lieutenant de vaisseau, à Marseille.

DU CASSEL, au château de la Grivellière, par Lassay (Mayenne).

CAURANT, ancien député, au Faou (Finistère).

DE CHAMAILLARD fils, avocat à Quimper.

CHARUEL, avoué à Quimperlé.

DE COETLOSQUET, Maurice, à Rambervillers (Vosges).

Baron DE COURCY (Pol), à Saint-Pol-de-Léon.

DEBROISE, conservateur des hypothèques en retraite, à Quimper.

DUBOIS-SAINT-SEVRIN, commis principal de direction des postes à Rouen.

DUCOURTIOUX, directeur des contributions directes à Quimper.

FATY, major en retraite, à Quimper. (3 exemplaires.)

FISCHER, ancien professeur à l'École navale, à Brest, rue Poulliear-Lor, 38.

MM.

FLOCH, recteur de Gouesnac'h (Finistère).

FOUGERAY, ancien principal du collège, à Quimper.

GAIDOZ, 22, rue Servandoni, Paris.

GAVERAND, juge de paix à Pont-l'Abbé.

LE GUAY, ancien juge de paix, au Cluyou, en Ergué-Gabéric (Finistère).

GUÉPIN, à Quimper.

GUIARD, membre du Conseil Municipal, à Quimper.

L'abbé GUILLOTIN DE CORSON, au château de la Noë, par Bain-de-Bretagne (Ille-et-Vilaine).

Le docteur GUILLOU, 53, avenue des Ternes, Paris.

LE GUILLOU DE PENANROS, juge au tribunal civil, à Brest.

HARDOUIN, conseiller honoraire à la Cour de Douai, à Quimper. (3 exemplaires.)

HÉMON, Louis, ancien député, avocat à Quimper. (4 exemplaires.)

DE JACQUELOT, Charles, à Quimper.

JÉGOU, juge de paix à Lorient.

JONES, pasteur de l'Église réformée, à Quimper. (2 exemplaires.)

DE KERJÉGU, James, conseiller général, à Scaër (Finistère).

Charles DE KERRET, propriétaire à Gouesnach (Finistère).

Vicomte R. DE KERRET, au Quillien, commune de Brasparts (Finistère). (2 exemplaires.)

DE LA LANDE DE CALAN, propriétaire à Quimper.

Mgr LAMARCHE, évêque de Quimper et Léon.

DE LÉCLUSE-TRÉVOÉDAL, Amédée, à Audierne (Finistère).

LE MAIGRE, capitaine au 105e, à Riom (Puy-de-Dôme).

MALHERBE DE LA BOISSIÈRE, à Ergué-Armel (Finistère).

MM.

MARTIN-DESLANDES, propriétaire à Kervignac, en Ploaré (Finistère). (3 exemplaires.)

MOREAU DE LISOREUX, Stanislas, à Quimper.

MOULIADE, au château de Quistinic, en Penhars (Finistère).

OHEIX, Robert, à Trévé, par Loudéac (Côtes-du-Nord).

PABAN, rédacteur en chef du journal *Le Finistère*. Quimper. (2 exemplaires.)

PEYRON, secrétaire de l'évêché, à Quimper. (4 exemplaires.)

POCARD-KERVILER, ingénieur en chef des ponts-et-chaussés, à Saint-Nazaire.

LE QUÉAU, notaire à Quimper.

RICHARD, receveur de l'Enregistrement en retraite, rue Lesage, à Rennes.

LE RODALLEC, juge de paix à Concarneau (Finistère).

Baron DE ROSMORDUC, Georges, à Versailles, 2, rue Solférino.

ROSSI, propriétaire à Quimper. (4 exemplaires.)

ROUSSIN, à Keraval, en Plomelin (Finistère).

LE ROUX, professeur au collège de Saint-Pol-de-Léon. (2 exemplaires.)

Le docteur ROUXEAU, ancien interne des hôpitaux de Paris, à Nantes, 8, rue du Calvaire.

Vicomte DE SAINT-LUC, député, à Paris. (2 exemplaires.)

Vicomte DE SAISY, Paul, député, Kerampuil, en Plouguer (Finistère).

SOUDRY, avoué à Quimper.

Supérieur du Grand-Séminaire, à Quimper.

VESCO, receveur particulier des Finances, à Quimper.

MM.

Vicomte DE VILLIERS DU TERRAGE, inspecteur général des Ponts-et-Chaussées, Paris, 30, rue Barbet de Jouy.

DE VUILLEFROY, Georges, à Quimper.

WEIG, inspecteur de l'Enregistrement et des Domaines, à Quimper.

Souscripteurs non Membres de la Société Archéologique.

Académie des Sciences et Belles-Lettres d'Angers.

Archives des Côtes-du-Nord, à Saint-Brieuc.

MM.

BERGER, 54, rue de Paris, à Brest.

BIZIEN, vicaire à Quimper.

Mme LE BLÉIS, Constance, à Pont-l'Abbé (Finistère).

BOSCAL DE RÉALS, à Toulancoat, en Rosnoën (Finistère).

BRIGNOU, recteur de Lanneufret (Finistère).

CARADEC, recteur de Plounévez-du-Faou (Finistère).

Vicomte DE CHALUS, à Landévennec (Finistère).

DE CHAMAILLARD, Ernest, à Quimper.

DE CHAMAILLARD fils, avocat à Quimper.

CHANCERELLE, Auguste, négociant à Douarnenez.

CHANTELOUP, notaire à Quelaines (Mayenne).

DU CHATELLIER, à Kernus, Pont-l'Abbé.

CONOR-GRENIER, imprimeur, à Saint-Brieuc. (2 exemplaires.)

CORBÉ, pharmacien, à Landerneau.

Le *Courrier du Finistère* (journal), à Brest.

LE COVEC, directeur des Postes, à Rennes.

MM.

DANIEL, ancien maire de Plonéour (Finistère).
E. DIJONNEAU, à Verneuil (Eure).
DONVAL, vicaire à Landévennec.
ELY-LABASTIRE, à Brest.
D'ESPINAY, à Angers, rue Volney, 15.
GADON, recteur du Trévoux (Finistère).
GERMAIN et GRASSIN, imprimeurs, à Angers.
DE GOURCUFF, OLIVIER, à Nantes, 62, rue Saint-André.
GUÉGUÉNOU, recteur de Saint-Martin, à Morlaix.
GUÉNOLÉ, ALAIN, à Quimerch (Finistère).
GUIHAIRE, avocat, à Redon.
Comte HERSART DE LA VILLEMARQUÉ DE CORNOUAILLE, à Nizon (Finistère).
JACOLOT, 33, rue du Château, à Brest.
DE KERANFLEC'H-KERNEZNE, à Quélennec, par Mûr de Bretagne (Côtes-du-Nord).
DE KERDREL, à Saint-Uhel, près Lorient.
KERGOAT, vicaire à Audierne,
Docteur DE LANNURIEN, à Morlaix.
LAPORTE, ancien avoué, à Quimper.
LAURENT, aumônier, à Landévennec (Finistère).
MASSÉ, à Kerbernès, Plomelin (Finistère).
MOREL, avocat, à Quimper.
LE PON, vicaire à Tréguier.
DE POULPIQUET DE BRESCANVEL, à Fouesnant (Finistère).
RABOT, avoué, à Pontivy.
RAYNOLDS, à Southwales (Grande-Bretagne).
Comte RÉGIS DE L'ESTOURBEILLON, rue Sully, 1, Nantes.

MM.

RUINET DU TAILLIS, ingénieur, rue du Ranelagh, 39, Passy-Paris.

DE LA SABLIÈRE, à Lanniron, près Quimper.

SALMON-LAUBOURGÈRE, ancien magistrat, rue Du Guesclin, à Rennes.

SAULNIER, conseiller à la Cour, à Rennes.

Société des Bibliophiles Bretons, à Nantes. (2 exemplaires.)

Société Polymathique du Morbihan, à Vannes.

TÉPHANY, chanoine, à Quimper.

LE VELLY, notaire, à Pleyben (Finistère).

VITA
SANCTI WINWALOEI

Incipit Præfatio Vitæ Sancti Uuinvualoei Cornugallensis.

[**Fol. 3**] Vita brevis studii contexitur ordine sacri
Eximii patris monachorum Uuinuualoei,
[**Fol 3 v°**] Quam precibus relego fratrum communibus almam
Uurdistenus, et albis conor scribere libris.
Quæ quamvis nostro defloreat aucta labore, 5
Hanc quicumque velit veterum rescribere cartis,
Aut prohibere tamen aut visus non aliquando
Radere compertam moneo; sed, condita servans,
Et nostrum relegat, sed et hæc non neglegat, atque
Inter utramque viam medius incessor utrinque 10
Quæque sibi placita, an vetera novaque, eligat. Ergo
Non nostrum decarpat opus munimine patrum
[**Fol. 4**] Suffultum. Moneo invidiæ neu ariete crebro
Conquatiat; neque enim huic operi invitum attraho quemque.
Sed qui preparvi contentus muneris haustu, 15

Hunc nostræ ad modicæ invito convivia mensæ;
Et qui clara sine ficto vult condere facta,
Explosis penitus notis et rusticitate,
Nostro degustet devotus pectora musto,
5 Atque per egregiam, seductus munere, portam
Inducens alios, doctus sit ductor habendus.
Hæc fuerant denso veterum velamine texta,
[**Fol. 4 v°**] Lucidiora nitent sed nostro condita scripto.
Ergo rite suum Christo dicemus honorem,
10 Talia qui nobis hæc munera tradidit. Atque
Largius ipse mea dignetur solvere corda
Reddere mirificæ claras sibi munere linguæ
Summus in ætherea laudes qui presidet arce,
Arbiter excelsi perstans in vertice cæli,
15 Innumeris septus sanctorum pleniter aulis,
Rex qui mirificis perfulget splendidus astris!

Incipiunt Capitula Libri primi ejusdem et secundi.

[**Fol. 5**] I. De inclita Britanniæ nobilitate, necnon et de flagitio ejus flagellisque atque pestilentia.

II. De viro quodam illustri nomine Fracano, proprii cespitis propter fœdam pestilentiam desertore, atque sub hoc tempore fundum quendam, quasi plebis unius modulum, in Armorica regione capiente.

III. De nati tercii exoptatione et patris terribili visione.

IIII. De ejusdem visionis apud beatam fæminam relatione, et turbine in via, et consolatione a puerulo facta.

V. De eorum adventu in insulam.

VI. De mysterio bene conversandi.

VII. De primo ejus signo in insula in claudicato fratre ostenso.

[**Fol. 5 v°**] VIII. De instruenda oratione.

VIIII. De ejusdem misericordia et pauperum affabili consolatione.

X. Quod aliud sit quod de doctrinæ usu atque disciplinæ didiscimus, aliud quod de miraculo scimus.

XI. De fratre quodam exprobrante et virtute ibidem facta.

XII. De ejus verecunda humilitate et magistri consolatoria ammonitione.

XIII. De adherentibus sanctis.

XIIII. De ejusdem sorore, cui amissum restituit oculum.

XV. Item, de quodam alumno jamjamque moribundo, a serpente perempto, sed ab eodem quasi a morte resuscitato.

XVI. De quodam ovium custode nimiis coruscationibus conterrito, sed ab eodem sancto per revelationem erepto.

[**Fol. 6**] XVII. Item de ejusdem visionis expositione.

XVIII. De Fracani et Riuali, Domnoniæ ducis, propter suos caballos velocissimos ludicra contentione, et de virtute quæ ibidem facta est mirabili.

XIX. De alta cogitatione, quæ in cor ejus irrepsit, ut sancta loca in quibus Patritius fuerat conversatus inviseret, sed ab eodem ammonitus in somnis ne vagaretur et solum sibi in ista Armorica sufficere remanere terra.

XX. De ejusdem visionis relatione apud pium magistrum et pia ejus responsione.

XXI. De figmentis gyrovagorum vitandis.

XXII. Item de extrema magistri valedicentia.

EXPLICIUNT CAPITULA LIBRI PRIMI. INCIPIUNT
SECUNDI.

I. De egressione ejus a predicto seniore, permissa licentia, cum undecim fratribus, et de ejusdem familiari ammonitione, [**Fol. 6 v°**] dum iter agerent, quomodo se contra insidias antiqui hostis tam caute agerent.

II. De egregia ejusdem laude.

III. De ejus transitu per pagos Domnonicos, et de loci inventione atque de ejus conditionis asperitate.

IIII. Item ad querendum alium locum de maris divisi transitu, et de fundo, lustrata valle, in medio ejus reperto.

V. De loci introitu et ejus situ.

VI. De obtimo fratrum servitio atque familiarissimo.

VII. De aquæ petitione.

VIII. De fantasmatica diaboli machinatione contra virum Dei, et quomodo ab illo superatus sit.

IX. Item commemoratio quomodo a viccsimo ætatis suæ et primo vixerit [**Fol. 7**] anno.

X. De vestimento ejus cylicino.

XI. De ejus cybo.

XII. De genere potus ejus, et de ejus monasterii arctissima conversatione usque ad annum Lodouuici, piissimi imperatoris, imperii quintum.

XIII. De precepto ejusdem imperatoris.

XIIII. De psalmodia ejusdem sancti, et quod non jam homo corporeus, propter excellentiam virtutis, putabatur a multis, sed angelus.

XV. De humili Gradloni, Cornubensium regis, apud eundem et familiari allocutione.

XVI. De ejusdem reddita ad regem prudentissima responsione et pulcherrima predicatione.

XVII. Item, de ipsius regis subjectione.

[**Fol. 7 v°**] XVIII. Item, de dono regis parvo pro magnis ingestis, Rihoco presbitero et monacho sancto rogante, tandem suscepto.

XIX. De altitudine Cornubiæ et ejus nobilitate.

XX. Item, de ejusdem contritione et subjectione.

XXI. Item, de ejus futura reparatione.

XXII. De Rihoci sancti predicti suscitatione matris.

XXIII. De latronum rapina et miserabili pœna eos insecuta.

XXIIII. Item, in eosdem de ejusdem sancti miseratione et eorum mirabili conversione.

XXV. Item, de ejusdem virtutis expositione.

XXVI. Quod nemo in eodem loco poterat mori, et de ejusdem loci rogatu [senum] motione, et de angelica [**Fol. 8**] et allegorica allocutione.

XXVII. De muliere subita cæcicate perculsa et ab eodem sanata.

XXVIII. De ejus obitu ab angelo prenuntiato et amicali allocutione.

XXIX. De ejus animæ, post sacram corporis Christi communionem, a sanctis angelis in cælum translatæ leni susceptione.

Auctores vero quibus nostram in istis libellulis supplevimus sententiolam, excepto quod sacræ nosmetipsi Scripturæ fontibus haurire potuimus et quod sacræ hujus firma hystoriæ predicti sancti gestorum radice contraximus, hi sunt : Augustinus, Cassiodorus, Isiodorus, Gregorius papa Romanus, Johannes Constantinopolitanus, Pymen abba ab [**Fol. 8 v°**] Joseph abbate interrogatus, etsi qui alii sunt. Quorum quidem nomina singulorum e regione sententiæ in marginibus subnotare curabimus, ne fastidium legenti eadem tam crebro iterando gignere videamur.

LIBER PRIMUS

CAPUT I

De inclita Britanniæ nobilitate necnon et de flagitio ejus flagellisque atque pestilentia.

[**Fol. 9**] Britannia insula, [**Fol. 9 v°**] de qua stirpis nostræ origo olim, ut vulgo refertur, processit, locorum amœnitate inclita, muris, turribus magnisque quondam ædificiis decorata, hæc magnam habuisse rerum copiam narratur, exuberasse pre cunctis quæ huic adjacent terris, frumenti, mellis, lactisque simul fertilissima, sed non omnino vini ferax. Bachus enim non amat frigus, quia vi Aquilonis nimia constringitur. Hæc igitur, tantis enutrita bonis, ut herba tempore florum primo crevit; sed mox, ut seges quæ numquam gelu premitur cito enim, caumate exorto, omnia nociva quæ fruges ruminent, emittit, zesaniam semenque tyrannorum genuit pestiferum. Cui soli fecunditas suberat, et Sabrina ac Tamenta fluvii, per [**Fol. 10**] plana diffusi, ac per opportuna divisi, augmentis ubertatis impendebantur. Huic universæ regioni, bonis male utenti, abundantia rerum causa fuit malorum. Ex abundantia enim luxuria, foedæ libidines, idolatria, sacrilegia, furta, adulteria, perjuria, homicidia et ceteræ vitiorum soboles, quibus omne humanum genus obligari

solet, adolevere. Et, ne ejus antiqua profundius repetam facinora, qui hæc plenius scire voluerit legat sanctum Gyldan, qui, de ejus situ et habitatione scribens, et ejus mira in Christo conversione statimque ritu pene paganico aposta-
5 tione, et divina lugubriter insecuta ultione, et ejus iterum, ne penitus in favillam et cineres redigeretur, miseratione, [**Fol. 10 v°**] multa ejusdem actibus congrua bene et irreprehensibiliter disputat.

Hæc autem quondam patria Cyclopum, nunc vero nutrix,
10 ut fertur, tyrannorum, divinis non inulta raro diu quievit, propter sua peccata, flagellis : aut enim crebris hostium irruptionibus, aut civium inter se invicem concussionibus, aut fame, peste, gladio, morbisque insectata est acerrimis. Sed longe ab hujus quoque moribus parvam distasse sobo-
15 lem suam non opinor, quæ quondam ratibus ad istam devecta est, citra mare Britannicum, terram, tempore non alio quo gens — barbara dudum, aspera jam armis, moribus indiscreta — Saxonum maternum possedit cespitem. Hinc se cara soboles in istum conclusit [**Fol. 11-12**] sinum, quo se
20 tuta loco, magnis laboribus fessa, ad oram concessit sine bello quieta. Interea miserorum qui paterna incolebant rura, peste fœda repente exorta, catervatim et absque numero et absque sepultura, miseranda sternuntur corpora. Ex hac lue magna ex parte antiqua desolatur patria. Tandemque pauci
25 et multo pauci, qui vix ancipitem effugissent gladium, aut Scoticam quamvis inimicam, aut Belgicam, natalem autem propriam linquentes, coacti acriter alienam petivere terram.

CAPUT II

De viro quodam illustri nomine Fracano, proprii cespitis propter fedam pestilentiam desertore, atque sub hoc tempore fundum quemdam, quasi plebis unius modulum, in Armorica capiente regione.

[**Fol. 11-12 v°**] Inter hæc autem [fuit] vir quidam illustris, spes prolis beatæ, nomine Fracanus, Catouii regis Britannici, viri secundum seculum famosissimi, consobrinus, cujus adhuc sacrum in lumbis latebat semen secundum Abrahæ formam, cui dictum est exire de terra et de cognatione sua et daturum esse ei ibidem Dominum semen, in cujus stirpe benedicerentur omnes familiæ terræ. Cujus cum etiam predicti regis terra nomine dicta, — in qua tanta sacrilegia et connubia inepta conviviaque illicita et stupra a Deo inconcessa fuerant perpetrata, quanta nec inter gentes quidem audiri solent, — morbo olido cum nidore gravissimo sanieque confecta per totum pene fuisset (quæ non longe [**Fol. 13**] post, etiam citra mare, teneram adhuc ejusdem matris filiam insecuta est), iste igitur cum agnellis, id est geminis natis Uueithnoco Jacoboque vocatis, parenteque eorundem Alba nomine (quæ cognominatur Trimammis, eo quod ternas, æquato numero natorum, habuit mammas; nam et eorum germana non est in mammarum calculo reputanda, quia feminarum non est moris in scriptura texere genealogiam), tandem Armoricam, ubi tunc opacum adhuc sine clade audiebatur siluisse terræ spatium, rate conscensa aggreditur, enatato cum paucis ponto Britannico, tellurem, Circio leniter flante delatus in portum qui Brahecus dicitur. In qua, statim proxima quæque perlustrans, — hora enim diei erat quasi [**Fol. 13 v°**] undecima,

— fundum quendam repperiens non parvum, sed quasi unius plebis modulum, silvis dumisque undique circumseptum, modo jam ab inventore nuncupatum, inundatione cujusdam fluvii qui proprie Sanguis dicitur locupletem, fretus cum suis inhabitare cæpit, jam securus a morbis.

CAPUT III

De nati tertii exoptatione et patris terribili visione.

Eodem itaque tempore, crescente paulatim sociorum numero, magnaque rerum copia inundante, tercius, sanctæ formam exprimens summæque Trinitatis, affore exoptatur filius, quasi omnino parvum esset duos tantum habere filios. Beata ergo fæmina optatum in utero habere se persensit conceptum. Maritus, pregnanti adgaudens [**Fol. 14**] fæminæ, magna cordis alacritate tangitur, sperans heredem post se futurum. Magnus dies natalis infantis a cunctis speratur venturus. Affuit ergo dies desideranda, in qua [lux] vera diu spectata ostenditur patriæ; dies, inquam, quæ cunctis lucidior diebus occiduis patuit Armoricis. Quem genitum puro nomine appellant Uuinualoeum.

Beatissimus autem infans, beata parente natus, eademque nobiliter secundum seculi dignitatem educatus, mox ut effari orsus est, ad Dei, mira intentione, laudem assuetus est. Et ut aliquanto tenerrima ejus membra crevissent, ætate quidem licet valde inmaturiori, cuidam tamen patri spiritali, qui suam et aliorum curare posset animam, avidius [**Fol. 14 v°**] sacris imbuendum litterarum studiis genitorem se tradi rogabat, perpetuos inter cælibes affectans ducere choreos. Sed pater beatissimi pueri precibus abnuens, rem quoque quam non similiter amabat multum dissimulans, nimio perfusus precordii gaudio, amantissimum filium suum minorem natu seculi molitur fieri athletam.

At Deus, qui cuncta in melius versat, illum cum pastoribus quadam die pascentem gregem (mos enim antiquis erat per semetipsos pascere pecora sua, sicut Abraham et Loth et ceteri Veteris Testamenti patres) terribili corusci cæli perterruit fragore. Qua luminis novitate perculsus, acclinis, semivivus, cito cecidit in terram. Quocirca pastores ejus concussi, hæc primo aspectu metuentes, [**Fol. 15**] sensim vero occulta dinoscere cupiendo cautius accelerantes, archana autem hujusce visionis penitus ignorantes, hæc quasi per extasin sepe meminisse illum referebant : « Domine Deus rex omnipotens, quis enim possit tuæ resistere voluntati? In tua namque ditione cuncta sunt posita. Tuum tibi, non meum (inquit) sed tuum, quem dedisti michi, filium in ara tuæ laudis volens offeram. Et non solum istum quem queris minorem, sed et duos ejus pariter cum eo germanos tibi Deo reddam. Quid enim retribuam Domino pro omnibus quæ retribuit michi? Sed scio quid faciam, calicem salutaris accipiam et nomen Domini invocabo; vota mea reddam Deo. » Rem in predicatore gentium, tempore quo persequebatur æcclesiam Christi, in via [**Fol. 15 v°**] ad Damascum jam factam, pene renovari cernimus. Illi qui cum eo erant vocem quidem audiebant, sed neminem videbant; isti vero obsecrantem verbis et respondentem cum lacrimis speculantur, sed objurgantem nullo modo intuebantur.

CAPUT I·V

De ejusdem visionis apud beatam feminam relatione, et turbine in via, et consolatione a puerulo facta.

Nec mora, terribili pavore concussus domum remeans, cuncta quæ in pascuis illi acciderant uxori suæ referebat. Quid aut quomodo retulerit nescimus, quod autem sequenter fecerit certe non ignoramus. Nam primo post septimum die
5 evoluto, una cum infantulo, novo Christi milite, quendam angelicum adiit magistrum nomine Budocum, cognomine Arduum, [**Fol. 16**] scientia preditum, justitia æquitateque ægregium, quem velut quoddam fidei fundamentum columpnamque æcclesiæ firmissimam cuncti pariter tunc temporis
10 credebant. Dum autem iter agerent ad insulam quæ Laurea appellatur, ubi lux fidei predicta fulgebat, totus caligine polus obvolvitur. Terra tremit, ictus fulgore æther coruscat, freta fervent, et totum turbine ignique cum nive grandini mixta turbatur pelagus, et totam nox cæca tenuisse terram putatur.
15 Pater autem tanta se videns circumdari procella : « Timeo, inquit, dilecte Deo, ne iter nostrum hodie impediatur. » Infans vero, læto animo exultans, inquiens ait : « Pater vereris? Ipse creaturarum auctor, qui cuncta cum non essent fecit, qui cælum syderibus [**Fol. 16 v°**] ditavit, terram flore ornavit,
20 mari terminum imposuit, aeris quoque injuriam sedare, cum velit, et ponti potest mitigare fluctus; nam nichil timentibus eum deerit. Unum ergo necessarium, ut totam in illo spem habeamus et in ejus semper dilectione maneamus, quia et ipse prius dilexit nos. Si quid enim in nomine ejus petierimus,
25 quia prope est omnibus invocantibus eum in veritate, ille prestabit, petenti dabit. Credenti enim omnia possibilia sunt;

quærens inventa tenebit. Infidelis autem etiam hoc quod habere videtur, auferetur ab illo. » Hæc et alia multa dictante, patre vero rem in corde tacite considerante, simul et ammirante quisnam esset iste vir (etenim Domini manus erat cum illo), ecce totus subito, sole apparente, qui Uelamensis dicitur pagus effulsit, et dies serenissima [**Fol. 17**] usque ad vesperam illuxit.

CAPUT V

De eorum adventu in insulam.

Sole igitur tandem per climata cæli devexa vergente australia, ad locum properans destinatum, familiari cum dicto doctore usus colloquio, omnem itineris sui causam exponens ac difficultatem prefatus pater eidem indicavit magistro. At doctor ægregius, verba narrantis intento hauriens animo secumque audita parumper retractans, tum demum sibi parvulum accire precepit. Ille autem Sancto incitatus Spiritu, nec mora, concitus acsi jam plurimis imbutus in annis, nemine docente, toto in terram prostratus corpore ad talem adorans accessit patronum. Hunc vero magister divino providus spiritu splendescentem jam cernens, talia exorsus sic patrem alloquitur [**Fol. 17 v°**] dicens : « Puerum quem michi commendas video moribus transcendere ætatem. Puerili grandevum in forma conspicio virum : innocentia, castitate, puritate puerum, ingenii tamen sagacitate divina jam solerter sola eruditum sapientia. Hortus Salomonis conclusus et signatus, atque omnium perhenniter plenus pomorum. » His et aliis inter se condictis, ejusdem pater parvuli (si fas est dici parvulum qui Dei contemplatui jam conspicitur magnus), mane consurgens, accepta a viro Dei benedictione, per viam qua venerat prospere domum reversus est.

Puer autem beatus, quamvis adhuc infantulus erat, nullo tamen post parentem tedii pulsatus merore, sicut quidam solent parvulorum cum in scolam a parentibus segretati [**Fol. 18**] mittuntur interdum tedere, cum predicto stabilis
5 magistro, velut jam senior, remansit in monasterio. Statimque sub unius diei curriculo cunctas totius ecetarii pleniter ediscens notas, ac dehinc crescente magnopere in illo, non solum cum annorum verum etiam (ut ita dicam) dierum vel horarum momentorum numero, donorum gratia, universos
10 Veteris divinæ legis Bibliothecæ ac Novæ cum sacramentis suis in corde suo recondens sermones, sanctarum eximius factus est sciolus perscitor Scripturarum.

CAPUT VI

De materia bene conversandi.

Materiam igitur bene vivendi primo didiscit, atque in semetipso cuncta prudenter quæ legit retorquens, deinde alios
15 sequenter [**Fol. 18 v°**] instruit. Forma namque sanctæ conversationis ita est viam querere regiam per quam itur ad Deum : quam non aliam esse puto nisi sanctam Scripturam, in qua totus se homo contemplatur qualis sit vel quo tendat. In divina etenim lectione tota spes et salus sine dubio con-
20 sistit, et omnis profectus ex lectione et meditatione procedit. Prius namque necesse est scire quid appetas quam desiderare quod nescias. Quæ enim nescimus lectione discimus; quæ autem didiscimus meditatione conservamus. Sed, sicut legendo scire concupiscimus, sic sciendo recta quæ didiscimus
25 implere debemus, quia ille non erit inmunis a culpa qui, divinas Scripturas legens, non vertit in opera. Siquidem

plerique, scientiam acceptam Scripturarum non ad Dei gloriam utentes [Fol. 19] neglegendo contempnunt. Quidam vero amorem sciendi habent, sed ad suam laudem utuntur dum ex ipsa scientia se extollunt, et ibi peccant ubi mundare peccata debuerant. Et dum sermo Dei fidelibus lucet, reprobis ac superbis quodammodo tenebrescit, et unde illi illuminantur isti cœcantur.

Iste autem, de quo nobis sermo est, non auditor obliviosus sed factor operis factus, aut in lectione divina et meditatione aut in oratione et opere conversatus (ex quis tribus, juncta caritate, omnis plane sancta peragitur regula), dum adhuc adultus erat, biduano ac sæpe triduano corpus suum macerabat jejunio et, secundum Pauli vocem, in servitutem redigens, opus quod alii fratri forte in eodem [Fol. 19 v°] labore secum juncto adderetur, ipse solus impiger operabatur. Quamvis enim non hoc istud probabilissimum apud veteres judicatur esse jejunium, tamen — quia, sicut terra continuis rigata imbribus nociva sæpe evomit germina, ita caro epulis læta cotidianis turpissimos animo suggerit motus, — necessarium reor omni juveni assiduis, cum gravi labore, corpus suum affligere jejuniis. Legimus namque quendam Patrum, de jejunio agendo interrogatum, sic respondisse, cotidie velle se manducare, subindeque paululum sibimet subtrahere ne penitus satiaretur. Et cum de hac re rursus requireretur nonne, cum juvenis in heremo fuisset, biduanas levando jejunabat, dixisse refertur : « Crede michi quia et triduanas et sæpe [Fol. 20] ebdomadas. » Sed hæc omnia probaverunt senes magni, et invenerunt bonum esse cotidie manducare et per singulos dies, ne sacietas subripiat, parvum aliquid minuere. Et ostenderunt nobis hanc viam esse regalem, quia levior et facilior est cæteris.

CAPUT VII

De primo ejus signo in insula in claudicato fratre ostenso.

Post vero non longum temporis, predicto patre spiritali ad quendam locum orationis gratia transeunte, discipulis autem in insula relictis, magistri obtestationibus utpote constrictis ne aliquem immoderationis incurrerent lusum, quod non diu servaturis : (nam antiquus generis humani inimicus, germinum sator malorum, quietis semper invidus, seva nequitiæ suæ [**Fol. 20 v°**] arma in Dei famulos mille nocendi exercens artibus, sicut leo rugiens caulas ovium circumquaque loca quo aditu irrumpat absente pastore prospectans, hoc unum quod tantum forte potuit velociter ostendit, sicut in beato Job etiam in hoc frustratur quia, sicut abundant passiones Christi in nobis, ita etiam et consolationes, et quanto unusquisque temptationum infunditur imbribus, si semper repugnaverit, tanto victor corona confuso inimico redimitur optima :) unus eorum puerili adhuc florens ætate, per plana discurrens cum quibusdam levioribus ludentibus, senis mandatum obliviscentibus aut, sæpe etiam modo solet, pro parvo reputantibus, Deo permittente ne sanctissimi virtus non ostensa diutius, [**Fol. 21**] sicut in processu hujus operis demonstrabitur, abderetur hominibus, crure perfracto, magno confestim casu afflictus est; statimque luctu cum dolore cordis nimio lusus permixtus est, et omne cor majorum etiam et minorum vehementi merore perculsum est pariter et pavore.

Omnes enim quoquot aderant in unum congregati, et propter læsum puerum vehementer tristes effecti, et maxime propter senis interdictum timore concussi, vultum ejus omnino videre erubescentes, lacrimis lugubre infusi querulis plorabant dicentes : « Quid acturi sumus, quove ituri sumus? Fugimus an expectamus? Quid excusationis habebimus? Ille nos, per seipsum peritus pugnax contra antiqui hostis insidias, propriis cavere docuerat dictis; [**Fol. 21 v°**] nos autem neglegentes, et verbi ejus contemptores, pro parvo decretum ejus duximus. Hinc vero, dum noluimus ejus obædire mandato, saltem hoc modo, postquam tantum incurrimus malum, experimentum discamus quantum malum grande sit majorum jussa spernere. Neque enim prius intelligebamus, aut etiam (quod verius) pro nichilo reputabamus quod scriptum est : *Qui vos audit me audit, et qui vos spernit me spernit*. Non solum ergo preceptorem nostrum contempsimus, sed illum cujus per id quod ei obæditur mandatum completur. Quia enim peccavimus in sanctum Dei ideo hæc merito patimur, quia quicquid obedientiæ vel inobædientiæ sanctis agatur, hoc in se non illis reputat Deus. »

Hæc et alia multa cum alto suspirio cordis gementibus, [**Fol. 22**] ecce mox Wingualoeus, Sancto monente Spiritu, cujus jam non vult Deus virtutem cælare, sed cunctis cernentibus, ut signum et exemplum sit, quasi tædam super candelabrum propalare. Tristes aspiciens, sed manu silentium imponens, talibus affatur dicens : « Viri fratres et patres, nolite jam plorare, nolite amplius animo prosterni. Nulla enim tam mala passio est quæ non habeat mederi, quia non longe abest medicus, si intimo non ficto requiratur ingenio : qui omnes sibi confitentium etiamsi nullis holerum alegmatibus curat adhibitis plagas. Quapropter quia multum flevistis (et ecce quid inde utile invenistis?) fidissimum semper precedentium in omni angustia patrum ac tutissimum murum, orationis conscendite sinum. [**Fol. 22 v°**] Omnes igitur, separatim singuli, cum precibus adeamus fiducialiter Christum. Forsan putatis an ille qui omnia fecit et tota membra istius pueruli compaginavit, vel pedem licet debilitatum instaurare, non recreare, pœnitentibus denegabit omnibus nobis? Qui multoties suos in Evangelio discipulos eandem, de qua hoc confidimus effici, fidem edocens, montem etiam tollere vel quicquid, cum bono animo petierint, promisit assequi. »

5   Qua freti commonitione unanimiter Deum exorant; ipse autem solus, elevatis ad cælum oculis cum manibus, intentissime orabat dicens : « Domine Jhesu Christe, qui jacentem in squalore per Adæ inobedientiam mundum erexisti; qui ligni vetiti pomum antiquum a parentibus comestum tuæ sanctæ crucis
10 tropheo dulcorasti; qui [**Fol. 23**] illum tyrannum refugam gehennæ ignibus deputasti; qui tuis servitoribus vitam æternam promisisti; qui a te recte quærentibus omnino non elongaris; qui cæcos lumine et mancos manibus et claudos gressibus exanimesque vita per tuos precatus famulos ditasti : hunc
15 quoque nobis, licet valde horum dissimilibus qui hæc a te impetrare meruerunt, oramus, redde securum. » Statimque completa sic oratione ad puerum reversus, locum plagæ crucis signaculo consignans, dexteram ejus tenens : « Surge velociter, inquit, in nomine Domini nostri Jhesu Christi. » Nec mora,
20 audita Dei servi voce, sanus, quasi nichil mali ante sustinuisset, effectus, nullius manente surrexit vestigio lesuræ.

Hoc autem denique facto, precepit fratribus ne cui hæc revelarent, [**Fol. 23 v°**] hanc rem potius eorum meritis deputans quam suis, exemplum Salvatoris de monte descendentis se-
25 cutus. Sed et omnia quæ operabatur occultari semper volebat. Quanto autem abscondi cupiebat, tanto magis Deus illa monstrari faciebat. Seni ergo de via revertenti, cum ad accessum advenisset locum, a referentibus nota habentur cuncta quæ acta fuissent. Gaudensque interiori læticia, et secum revolvens
30 quidnam esset iste cujus adhuc per manum in hac ætate sistentis Christus hæc operabatur, Deo gratias agit.

CAPUT VIII

De instruenda oratione.

Signo igitur virtutis premonstrato, videamus modo oratio, cujus se studio predictus pretulit idem sanctus, quibus modis [**Fol. 24**] dicta sit, videlicet duobus : nam cum agitur apud homines, oris ratio nuncupatur; cum majestati funditur, supplicatio est salubris et vitalis humilitas. Oratio cordis est, non labiorum; neque enim verba deprecantis Deus intendit, sed cor orantis aspicit. Quod si tacite cor oret et vox sileat, quamvis hominibus lateat, Deo latere non potest, qui conscientiæ presens est. Melius est autem cum silentio orari corde sine sono vocis, quam solis verbis sine intuitu mentis. Ideo ergo eos formam orationis instruens, singulos separatim jubet secretius orare, ne alter alterius impediretur improbitate, quia non nescire illum arbitror, qui tanta Scripturarum copia repletus erat, non ob aliud nobis preceptum esse ut in clausis cubiculis oremus, quo nomine [**Fol. 24 v°**] significantur mentis penetralia, nisi quod Deus, ut nobis quod cupimus prestet, doceri nostra locutione non querit. Qui enim loquitur suæ voluntatis signum foris dat, particulatim sonum; Deus autem in ipsis rationalis animæ secretis, quæ homo interior vocantur, et querendus et deprecandus est : hæc enim sua templa esse voluit. An apud apostolum non legisti : « Nescitis quia templum Dei estis, et spiritus Dei habitat in vobis, » et interiorem hominem habitare Christum? Nec in propheta an advertisti : « Quæ dicitis in cordibus, in cubilibus vestris compungimini; sacrificate sacrificium justitiæ et sperate in Domino. » Ubi putas sacrificium justitiæ sacrificare, nisi in templo mentis et in cubilibus cordis? Ubi sacrificandum est, ibi et orandum. Quare non opus est locutione [Fol. 25] cum oramus, id est sonantibus verbis, nisi forte sicut sacerdotes faciunt significandæ mentis suæ causa, non ut Deus sed ut homines audiant et consensione quadam suspendantur in Deum.

Non te vero moveat quod summus Magister, cum orare doceret discipulos, verba quædam docuit : in quo nichil aliud videtur fecisse quam docuisse quomodo in orando loqui oporteret. Non enim tantum verba sed res ipsas eos verbis docuerit, quibus etiam seipsi commune facerent a quo et quid esset orandum, cum penetralibus, ut dictum est, mentis orarent. Hunc autem modum sanctæ orationis servandum devotissimus christianus intelligat, ut idipsum cogitet quod orat, ipsum respiciat mente cui supplicat, omnes superfluas cogitationes excludat, aliud non admittat extraneum ne, ut [Fol. 25 v°] ait quidam, « purissimis fontibus apros immittere » videatur improvidos. Hinc etiam sancti Ambrosii secundum apostolum horæ sextæ roseus ymnus redoluit. Ait enim :

> Orabo mente Dominum,
> Orabo simul spiritu;
> Ne vox sola Deo canat,
> Sensusque noster, alibi
> Ductus, aberret fluctuans,
> Vanis preventus casibus.
> Tunc enim Deo accepta est
> Oratio canentium,
> Si pura mens idem gerat
> Quod explicat vox cantici.

CAPUT IX

De ejusdem misericordia et pauperum affabili consolatione.

Per idem quoque tempus, gliscente in eodem gratia Dei coram Deo et hominibus, et precurrente ævum adhuc tenerum sophia, ne, velut pecuniæ male defossæ custos iniquus ab exactore condemnaretur, minores quosque fratres, statim ut reperiebat (quos summus fratres non dedignatur Magister [**Fol. 26**] appellare suos), cum alimenti corporalis ultra etiam possibilitatem ejus amministratione, divini pabuli refocillatione cæpit nutrire, jam non surdus divini eloquii auditor dicentis : « Qui obturat aurem suam ne audiat clamorem pauperis, clamabit et ipse et non erit qui exaudiat, » et alibi : « Quamdiu fecistis uni ex minimis meis michi fecistis. » Mox enim ubi pauper clamaret, Deo gratias agens, festinus, cum omni tamen gravitate et modestia, nisi in aliquo forte divini officii occupatus negocio quod nullo omnino posset differri modo, occurrebat ad eum, opem illi confestim prestaturus; et quos unde pasceret substantia corporali minime haberet, uberrimis sæpe fletuum cum intimo precordii sui suspirio, adhibitis Deum pulsantibus [**Fol. 26 v°**] querimoniis, illorum penuriam multum deplorans, illorum corda spe retributionis æternæ sublevans, commemorans illis etiam Evangelium : « Beati eritis qui nunc fletis et esuritis, quia ridebitis et saturabimini cælestibus, » eos non cessabat educare divitiis quæ numquam dispergendo detrimentum pati nesciunt, sed magis magisque largiendo in augmentum sui cum fænore accrescunt.

Sed de illo, in ymno de ejudem laude metrica cum rithmo ratione bene composito, Clemens, Christi famulus, adulta adhuc ætate perspicuus, nec multum post temporis, heu proh dolor! immatura morte preventus, cæcinit :

Cum non haberet terrestres,
Gazas prebebat cœlestes.

5 Ille quoque, sicut de quodam scriptum est, lucerna ardens [**Fol. 27**] erat et lucens. Ardens quippe erat cujus vita non discrepat a doctrina; ardens erat in proximorum meliorem viam instruendorum amore; lucens, sermonis exemplum bonum prebendo continua ministratione. Et sicut ignis, cujus
10 sæpe moris est ut, quanto plus sub addito nutrimento suffocetur, tanto propemodum altius incenso erigatur alimento, sic iste, quanto se voluisset sub silentio teneri, tanto dispensante quandoque et opere simul manifestatus mundo est et sermone.

CAPUT X

Quod aliud sit quod de doctrinæ usu atque discipline didiscimus, aliud quod de miraculo scimus.

Nec mirari opus est cur hic, qui in tali ætate adhuc posi-
15 tus describitur, ausus sit et alios informare sermone, cum Hieremias vel Daniel pueri prophetiæ spiritu replentur : [**Fol. 27 v°**] quorum uni dicitur, cum se excusare propter ætatis teneritatem vellet : « Noli dicere *Quia puer ego sum*, quia ad omnia quæ mittam te ibis, et universa quæcumque
20 tibi mandavero loqueris; » et alter grandevos licet puer, Deo spiritum ejus suscitante, judicat presbiteros. Et Timotheo dicitur : « Precipe hæc et doce, nemo adulescentiam tuam contémpnat. » Sed sciendum tamen est quod in sacro eloquio nonnumquam adulescentia juventus vocatur; unde scrip-

tum est : « Lætare, juvenis, in adolescentia tua. » Sed tamen, ne quis me putet hæc ideo velle scribere ut infirmioris quibusque cujuscumque ætatis usum predicationis presumere concederem et ad sacrum citius ascendere ordinem, sacris obiciens canonibus qui hoc ne fiat omnimodis unanimiter prohibent, [**Fol. 28**] aperta ratione cognoscat quia miracula virtutis non sunt trahenda in exemplo rationis. Omnipotens etenim Deus et linguas infantum facit disertas et ex ore infantium atque lactentium perficit laudem.

Sed aliud est quod nos de doctrinæ usu atque disciplinæ discimus, aliud quod de miraculo scimus; nam et Hezechiel, cum anno ætatis suæ tricesimo prophetiæ spiritum accepisse scribitur, hinc nobis magnum aliquid indicat considerandum, videlicet quia, juxta rationis usum, doctrinæ sermo non suppetit nisi in ætate perfecta : unde et ipse Dominus, anno duodecimo ætatis suæ in medio doctorum in templo sedens, non docens sed interrogans voluit inveniri. Ut enim non auderent homines in infirma ætate docere, ille [**Fol. 28 v°**] anno duodecimo ætatis suæ interrogare homines est dignatus in terra, qui per divinitatem suam semper docet angelos in cælo, quia enim ipse est Dei sapientia : de ipso angeli videndo bibunt quod beatitudine æterna satiantur.

Quod Moyses quoque sub allegoriæ mysterio ammonet dicens : « Non arabis in primogenito bovis. » Primogenitum enim bovis accipimus in infirma ætate nostri primi temporis bonam operationem, in qua tamen arandum non est, quia, cum prima sunt adulescentiæ vel juventutis nostræ tempora, nobis adhuc a predicatione cessandum est, ut vomer linguæ nostræ prescindere non audeat terram cordis alieni. Quousque etenim infirmi sumus, contineri nos intra nosmetipsos debemus, ne, dum bonam [**Fol. 29**] terram citius ostendimus, amittamus, quia et arbusta plantata, si prius in terra radicata non fuerint, manu tacta citius arescunt; ac, si semel radicem fixerint, manus tangit et enim nichil officit, venti impellunt nec tamen impellentes lædunt; et constructi parietes si impellantur eruuntur, nisi a suo prius fuerint humore siccati. Mens itaque, quousque ab humore pravitatis suæ perfecte non fuerit exsiccata, alienæ linguæ manu tangi non debet, ne, priusquam plene percipiat, perdat soliditatem suam, ne impulsa ruat, ne velut arbustum sine radicibus, dum plus quam tolerare valet concutitur, arescat.

Ad exemplum ergo non sunt ostendenda nisi quæ firma sunt. Prius etenim convalescere debet mens, atque ad utilitatem proximorum postmodum [**Fol. 29 v°**] demonstrari, cum jam nec per laudem elevata corruat, nec per vituperationem percussa contabescat. Propheta igitur, ut ostendatur cujus auctoritatis sit in predicatione ætatis solidæ esse, describitur quatenus ei, cum vitæ spiritu, omnia quæ ad predicandum congruunt concordare videantur.

Hæc autem de predicandi disciplina, et de gracia Dei etiam in mininis non deneganda sed magis predicanda et ammiranda, propter proximorum utilitatem legentium, ut arbitror, necessaria accommodanda, ne quis audacter et improvide hanc quoque presumat usurpare et istam pro libitu conculcare, hoc loco commemorasse sufficiat. Verumtamen si michi prata sanctarum Scripturarum, violaria sæpe et rosaria cum liliis admixta, odorem suavissimum simul prebentia, [**Fol. 30**] flosculos discurrenti colligere libeat et, fiscellam pro nostra paupertate, qua pauca de plurimis sancti Guingualoei meritis reponantur, contexens, ubi locus inter vimina apparuerit, interdum interseram, ne tanto, queso, excessu gravati et tanta prepeditate extediati, ullatenus indignemini : quia quanto sæpe Scripturam sanctam consulere a proposito isto lætus ducor, tanto cum ejusdem emolumento ad optatum bene suffultus gratior, Deo miserante, reducor portum.

CAPUT XI

De fratre quodam exprobante, et virtute ibidem facta.

Cæterum, ne nos nimium modum historiæ videamur transcendere, ad id quod cæptum est, Deo duce, redeamus. Quadam aliquando die, dum ex more solito pauperum corda mellita cælestis oraculi dulcedine deliniret, spem promittens retributionis æternæ, atque orationis [**Fol. 30 v°**] solatia commiscens indigentiam eorum multum defleret, contigit ut quidam ex scolasticorum collegio transiret, qui mox livore perculsus invidiæ, contra Dei famulum vehementer iratus, quippe quia non et ipse talia agere valebat (semper enim invidus, unde bonus proficit, inde contabescit), in verba subsannationis et dementiæ prosiliens, multum increpitat dicens : « Tune igitur hæc vana, quasi misericordiæ apta, erga Dei pauperes agitas? Ecce cotidie jacentes in plateis vagi colliguntur, ut a profundi oris doctore imbuantur cuncti, et tamen nichil proficientes ædificati regrediuntur vacui! Quomodo ergo, per totum diem laborans, opus tuum in tam ignobili vulgo flebiliter deperdis, quasi misericordiam simulans cujus affectum non habes? Nonne etiam satius cerneretur opem [**Fol. 31**] ferre nichil habentibus, elemosinam largius tribuendo, quam semper de illorum indigentia, sicut tu stultissime consuescis, conquirere? Tune ille es, cujus saltem vel umbra omnes curantur poscentes, aut cujus pecuniam habere se denegantis virtute sanatur claudus? Aut si nichil horum quæ predico, per temetipsum, confidens in Domini Dei tui virtutem non vales, sicut omnino non dubium est hæc te non posse efficere, cur hæc quasi prepotens in verbis et opere insane jactitas? En ego quod est utile premonui; tu vero, ut cæpisti, (non mea interest sententia) fac omne quod volueris, aut verius, quod valueris. »

At contra, aperiens os suum beatus Uuinualoeus et Deo gratias agens, hanc humiliter lætissimo et pro tali convitio vultu reddidit illi responsionem, dicens : [**Fol. 31 v°**] « Bene-
5 dictus sis, amantissime frater, quia, sicut oportebat, convenientissima michi protulisti testimonia. Clausis omnium oculis calamum quassatum laudantium, tui solius aperti sunt, qui hæc tam recte dijudicare potuisti. » His autem dictis, illo furioso guttis invidiæ venenosis quasi vino per cuncta viscera
10 ebriato, iræ furorisque pleno discedente, protinus sanctus Uuinualoeus de medio languentium quendam secum arripiens excepit, illum ducens secum ad locum secretiorem, et paululum sic orato : « Sicut oculos cæcorum clamantium ad te *Miserere nostri, fili David*, sanasti, ita tu, Domine Jhesu
15 Christe, digneris et istius quoque fratris in te confidentis oculos sanare. » Aperiens oculos ejus manibus suis et spuens in illos, ait illi : « Argentum et aurum non est michi; quod autem habeo hoc tibi do. In nomine Domini [**Fol. 32**] nostri Jhesu Christi, surge velociter videns. » Apertisque ejus ocu-
20 lis, qui tristis ductus fuerat e porta, lætus, nullo reducente, recurrit ad illam.

Magister ubi hæc a narrantibus audivit sed tamen quomodo accidisset pænitus ignorantibus, Deo gratias agens festinanter, cum summa tamen gravitate, ne forte propter
25 hoc extolleretur in mente, lætus cucurrit ad portam, et interrogans quisnam eorum et quomodo visu donatus fuisset, a quodam didicit se cæcum fuisse sed a quodam juvene introductum fuisse curatum. Senex autem ammirans pre gaudio : « Quid tibi fecerit, inquit, aut quomodo tibi
30 aperuerit oculos? » At ille respondens : « Mendicus sedebam, dicit, et cæcus, sperans in medio pauperum a transeuntibus aliquid accepturum; sed ille me secum per manum nichil videntem attrahens, putantem elemosinam daturum,

cum se pecuniam [**Fol. 32 v°**] istiusmodi quandoque perituram excusasset non habere, hoc michi melius pro dono concessit lumen oculorum. » Senex ad hæc : « Qualis est ille, qui tibi cum non habebas visum dederit? » Is autem qui cæcus fuerat : « Talem, respondit, non video inter vos. » At senex : « Posses, inquit, illum si videres agnoscere? » Ait : « Etiam, domine. » Senex ergo jussit omnes congregare scolasticos. His vero congregatis, prospectisque omnium quousque ventum est ad sanctum Wingaloeum vultibus : « Iste est, » inquit pauper, sed modo pro lumine adepto jam dives, « qui me sanum fecit. » His auditis, senex et sui pariter discipuli confestim proni in terram, Sancto moniti Spiritu, hoc quasi uno ex ore cæcinerunt carmen dicentes :

Pentametri versus elegiaci.

Cantemus sancto, cantemus Uuinualoeo!
   Dulcis per famulum laus resonet Domino!
[**Fol. 33**] Alme parens, fratrum pro tanto tempore custos,
   Fautor ubique tui semper adesto gregis,
Ac placitum propriis cœtum consistere caulis
   Herentem monitis collige, sancte, tuis.
Læthea stagnantis patiaris flumina Averni
   Quesumus ne famulos tangere dira tuos.
O lux alma, tuis spes clara et magna potestas,
   Abdis cur nobis velle tuum miseris?
Discipulus sancti qui constas more Patricii,
   Christum pro nobis poscere semper habe.
Nobis sit requies, per te, et substantia Christus :
   Omnes orantes hoc jugiter petimus.
In te certa salus, sit per te reddita virtus
   Nobis indignis, quamlibet exiguis.

Expleto carmine, de prosa incipit.

Hos autem versiculos, licet non eodem metro quo cudimus sed quadam metri similitudine, eodem tamen sensu, [**Fol. 33 v°**] rithmico gradientes conamine descriptos, condiscipuli ejus frequentare soliti memorantur.

CAPUT XII

De ejus verecunda humilitate et magistri consolatoria commonitione.

5 Ille autem valde concussus et prohibens a talibus adorari, multum deplorans indignum se hujus muneris esse dicebat, ac ne suo sed eorum magis una cum magistri merito hanc quoque virtutem, licet per illum ostensa fuisset, adscriberent factam, cordis dolore compressus nimis rogabat. Magister ad 10 hæc continens illum, ne nimium ejus inflecteretur animus (sæpe enim contingit ut quæ putatur virtus humilitatis esse, si multum sit remissa, convertatur in vitium teporis) : « Cave, aiebat, fili, ne lucernam quam Deus ipse accendit extinguere nitaris, cave ne talenti unius [**Fol. 34**] quasi avarus serva- 15 tor dampneris et ne dona Dei quæ tibi aptavit haberi grata, quasi supervacua, quandoque cum fœnore exigenda, contemnas. »

Tantis igitur nunc blandis contineri sermonibus, nunc duris divinitus increpando vix potuit compesci terroribus, hæc illi 20 sæpius ammonendo : « Qui terrenam substantiam accepit, indigentis proximi inopiam sublevet. Qui doctrinæ gratia plenus est, ignorantis proximi tenebras verbo suæ predicationis illustret. Qui temporali potestate subnixus est, obpressos a violentis relevet. Qui prophetiæ spiritu plenus est, a vita proximi mala imminentia bona suadendo declinet; et qui gratiam quoque curationis accepit, intercessionem suam saluti infirmantium pie et humiliter impendat. Qui a terrenis [**Fol. 34 v°**] actibus liber soli Deo vacare meruit, pro delinquentibus fratribus exoret. Sed sciendum valde est quia sic electos quosque ad bona tendere oportet, ut ad mala perpetranda non redeant. Qui enim perseveraverit usque in finem, hic salvus erit; et, sicut per Salomonem dicitur, justorum semita quasi lux splendens procedit et crescit usque ad perfectum diem. In eorum namque anima bonum desiderium atque intellectus lucis intimæ jam pars Dei est. Sed quia usque ad finem vitæ in virtute proficiunt, ad perfectum diem tunc veniunt, quando, ad regna cælestia perducti, in ea luce quam desiderant jam minus aliquid habebunt. »

CAPUT XIII

De adherentibus sanctis.

Hinc bene de adherentibus sanctis viris per Hiezechielem dicitur; nam loquitur dicens : « Et similitudo [**Fol. 35**] animalium, aspectus eorum quasi carbonum ignis ardentium et quasi aspectus lampadarum. » Aspectus animalium carbonibus ignis ardentibus atque lampadibus comparatur. Quisquis enim carbonem tangit incenditur; quia qui sancto viro adheret, ex ejus assiduitate visionis, usu locutionis, exemplo operis, accipit ut accendatur in amore veritatis, peccatorum suorum tenebras fugiat, in desiderio lucis exardescat, etiam vero amore ardeat qui prius in iniquitate tantum mortuus quantum frigidus jacebat. Lampades vero lucem suam longius spargunt, et cum in alio loco sint, in alio resplendent. Qui enim per spiritum prophetiæ, verbo doctrinæ, miraculorum pollet gratia, hujus opinio longe lateque ut lampas [**Fol. 35 v°**] lucet, et quique bona ejus audiunt, quia per hæc ad amorem cælestium surgunt; in eo quod se per bona opera exhibent, quasi ex lampadis lumine resplendent. Quia ergo sancti viri quosdam juxta se positos quasi tangendo ad amorem patriæ cælestis accendunt, carbones sunt; quia vero quibusdam et longe positis lucent eorum itinere, ne in peccati sui tenebras corruant, lampades sunt.

Hoc vero inter lampades et carbones distat, quod carbones ardent quidem sed ejus loci in quo jacuerint tenebras non expellunt; lampades autem, quia magno flammarum lumine resplendent, diffusas circumquaque tenebras effugant. Qua ex re notandum est, quia sunt plerique sanctorum ex occultis seseque in locis minoribus sub magno silentio contegentes, ut vix [**Fol. 36**] eorum vita ab aliis possit agnosci. Quid itaque isti nisi carbones sunt, qui, etsi per fervorem spiritus ardorem habent, tamen exempli flammam non habent nec in alienis cordibus tenebras peccatorum vincunt, quia vitam suam omnino scire refugiunt? Sibimetipsis quidem accensi sunt, sed aliis in exemplo luminis non sunt. Hi autem qui exempla virtutum prorogant, et lumen boni operis per vitam et verbum itinerantibus demonstrant, jure lampades appellantur, quia et per ardorem desiderii et flammam verbi a peccatorum cordibus erroris tenebras repellunt. Qui igitur in occulto bene vivit, sed alieno profectui minime proficit, carbo est. Qui vero, in imitatione sanctitatis positus, lumen ex se rectitudinis multis demonstrat, lampas [**Fol. 36 v°**] est, quia et sibi ardet et aliis lucet.

Propterea virtutes sanctorum ad exemplum nostrum Deus proposuit, ut, quanto de imitatione eorum conferri possunt nobis justitiæ premia, tanto de perseverantia mali sint graviora tormenta. Si enim ad boni incitamentum divina quibus ammoneremur precepta deessent, pro lege nobis sanctorum exempla sufficerent. At contra, dum et nos Deus preceptis ammoneat et vita sanctorum boni operis nobis exempla proponat, nulla est jam de reatu excusatio, quia et lex Dei aures nostras cotidie pulsat, et factorum documenta bonorum cordis nostri intima provocant. Et si pravorum sæpe secuti sumus exempla, cur non imitemur sanctorum digna et Deo placita facta? Et si apti sumus imitari iniquos in malum, cur pigri sumus imitari justos in bonum? Orandus est igitur Deus, ut virtutes quas sanctis præparavit [**Fol. 37**] ad coronam, nobis ad profectum sint, non ad pænam. Proficient autem ad profectum nostrum, si exempla voluerimus imitari virtutum. Certe, si ea potius aversati quam imitati fuerimus, ad dampnationem nostram erunt, quia ea tantummodo legendo implere non possumus, si nequaquam imitari faciendo studeamus.

CAPUT XIV.

De ejusdem sorore cui amissum restituit oculum.

Et hanc quoque virtutem, ut arbitror, non minimam beatitudini vestræ intimare non neglegam, quia hoc silentio opus non pretereundum censeo. Ex hoc enim tempore, tantis virtutibus illustris, humilitate cordis et puritate mentis et morum temperantia perspicuus, ac spirituali gratia plenus, tantam auctoritatem sanctus Guingualoeus in divino cultu et celebre nomen [**Fol. 37 v°**] pre omnibus coætaneis ejus meruit habere.

Quadam itaque die, dum, ex more levioris adhuc et instabilioris ætatis solito, soror ejus unica, Chreirbia nomine, parvula adhuc puella, cum aliis ludebat puellis, forte accidit

ut anser ei transeunti obvians occurreret et, sese superbe contrahendo, oculum ejus cum radice diripiens penitus crueret atque cito absorberet. Dehinc puella pulcherrima, a parentibus cervice erecta cum gaudio egressa, ad eosdem curvato
5 capite, loco luminis in fronte inhoneste vacuo apparente, facie cruore pertincta, deformis cum planctu regreditur; atque miserorum tunc exoritur, quasi super gelidum cadaver, clamorque planctusque parentum. Illi autem, maximo compressi dolore, sciscitantur familiam suam [**Fol. 38**] quo-
10 nam modo dilectæ filiæ suæ hoc accidisset indicarent malum. Et eidem, illa autem pre omnibus, se omnino nescire denegabant, quia adhuc infantula erat, et quia quasi percito volatu ales predictus ferisset illam, ut vix dinosci inter alias plurimas queat. Sed hæc sepius inter fletus commemorabat, ex
15 hac luce se migraturam nisi auxilium ei continuo prestaretur.

Ecce vero, dum hæc agerentur, angelus Domini in somnis subsequenti nocte apparuit sancto Guingualoeo, dicens : « Sancte Dei Guingualoee. » Quo respondente : « Presto sum, ait. » — « Surge, festina, discurre, corda parentum
20 tuorum releva, nam nimia modo coangustantur tristicia. Non des requiem palpebris tuis, nec oculi tui capiant somnum, donec tibi jussum Christi impleveris mandatum. Nam hodie, anserum masculo trahente, unica germana tua [**Fol. 38 v°**] perdidit oculum suum, et parentes tui dolentes miseri nes-
25 ciunt quam ob causam amiserit. Sed locus in quo est reconditus venter anseris est. Nil igitur in corde tuo hesitans, sed semper fidens de Dei misericordia qui opem ferre consuevit recte postulantibus, dum ad locum perveneris destinatum, tolles avem predictam. Non enim erit tibi omnino ignota,
30 nam alta alias supereminet, et eviscerans ventriculum ejus recipies oculum sororis tuæ, ac sanum incolumemque in loco pristino collocabis. Dominus enim, cui non inpossibile est ullum verbum, hoc per te faciet signum, ac tuam per te, dico,

sororem parentibus vestris reddet sanatam. Nec tibi parva quidem adhæreat in excusando cogitatio, dicendo : « Ægiptum reliqui, nec volo regredi ad illam » et Evangelium recordando : « Sine mortuos [**Fol. 39**] sepelire mortuos suos. » Si enim hæc humana suaderentur loquela, verissime congruentissima eadem a te proferenda essent testimonia; si vero divina, aut etiam; sicut tu audis, angelica, quomodo ea parentibus tuis tantum impertiri denegabis, quæ cunctis in commune eliganter prestaveris? » Sanctus ad hæc Guingualoeus immobilis stans : « Omnibus, inquit, nebulis quibus prohibebar a te procul evolutis, ecce servus non solum Domini sed et servorum ejus : ad omnia quibus jubear jussa Domini impiger et voluntarius exeo. » Angelus autem : « Hæc summa, inquit, obædientia est, ut non tarde ac tepide quod jussum fuerit agatur, quia obædientia mente Deo devota major est omnibus sacrificiis et holocaustomatibus. » His dictis statim angelus Domini in auras [**Fol. 39 v°**] evadit.

Sanctus autem Guingualoeus precingens se, nec mora, iter facit, et cum pervenisset ad parentes suos, videns illos merore confectos propter filiam suam extremum jam anhelitum pene fundentem, causam hujus doloris et gemitus et ordinem quasi inscius inquirit. Illi autem pænitus ignorare se dicentes, hæc sepius respondebant : « Scis ipse, sancte Dei, nam te nullum Deo certi sumus revelante latere secretum. Sed si quid potes, et si te ulla ad misericordiam proprii sanguinis advocat usquam gratia, adjuva nos dum adhuc vivimus; alioquin nos parentes tuos cum ista pariter germana tua (si tamen fas est dicere te carnales habere propinquos, qui cælestibus, dilectissime, jam copularis turmis) saltem mortuos sepelies superstes. » Tandem igitur recolligere [**Fol. 40**] anserum gregem precipit, et eam quam ceteris eminentiorem cernit tenere ac eviscerare fecit, et oculum sororis ejus, secundum predicti angeli Dei sermonem, de ventriculo ejus diviso detulit atque in locum suum,

facta Deo gratiarum actione, sicut fuerat prius recollocavit.
Ales quoque predictus, nullam sustinens injuriam, quod forte
non minori, ut arbitror, deputabitur virtuti, illesus, quasi a
nullo contrectatus, exultans superbe gradiendo, extenso in longum collo, decantans adibat socios suos. Illi vero, quos nichil
nisi planctus et gemitus tenebat, Deo auxiliante, dolore
mortis amico propulso, in gaudium per adventum sancti Uuinualoei conversi sunt dicentes : « Benedictus qui venit in
nomine Domini, et benedictus [**Fol. 40 v°**] precipue Deus,
qui talem nobis consolatorem misit, qui cotidie adimplens
promissa sua, mirabiliter signa et prodigia multa dignatur
operari in sanctis suis. »

His denique factis, et eisdem a se parentibus verbis paci-
ficis et consolatoriis ammonitis, atque humili benedictione in
bonis operibus confirmatis (sic enim oportebat ut et quos
genuissent illum huic mundo, idem regeneraret futuro seculo),
nec diu remorans, splendente quasi vultu angelico, humilli-
mus recurrit ad suos.

CAPUT XV

*Item de quodam alumno jamjamque moribundo, a serpente
perempto, sed ab eodem quasi a morte ressuscitato.*

Item de mirabilibus ejusdem gestis, hoc factum videtur
nobis minime pretereundum narrari. Quadam etenim die,
dum quidam ex discipulis huic commendatis, [**Fol. 41**] nomine Tethgonus, divina cum predicto sancto ediscens eloquia
et jam quæ dicebantur sitienter percipere pervalens, melliflua
sibi tradita ab eodem solus cum codice suo relegeret dicta et,
ingravescente subito somno, fessos sopori dedisset artus, ut
denuo quasi renovatus agiliorem posset capescere intellectum,

ecce serpens gelidus, sole calescente, caveis suis circulos suos explicans erupit, atque ex lingua trisulcata ictum acutissimum vibrans, morsu pedem ejus cruento guttulas commiscens ferit virosas. Quo statim facto, callidus serpens argillosa quærit latibula. Ille autem expergefactus, veneno jam non solum per pedem sed per cuncta non paulatim grassante jam turgescentia membra, pergens ad magistrum suum pedem ostendit, initium causamque doloris nesciens.

[**Fol. 41 v°**] At sanctus Uuinualoeus, pedem cernens ultra quam credi potest distentum et cetera membra jam pre tumore candescere incipientia : « Ubi hoc, inquit, frater carissime, antiqui hostis potuisti invenire vestigium? » Ille autem deplorans ait : « Nescio, domine; unum autem scio, quia nisi adjuves me extremum funditus miserabilis sortis, proh dolor, non visurus adolescentiæ vel ætatem juventutis, miser et indignus, ante unam etiam horam persolvam debitum. Aut si tibi tantum in nos, inquam in tuos, ferreum pectus et dira precordia et tanta crudelitas, cur argento lenior lento in alios ad misericordiam promptissime molliris? cur lilio mollior in ceteros flecteris? cur auro clarior purissimo in quosdam renites? cur rosa flagrantior in exteros redoles? Qui igitur erga [**Fol. 42**] extraneos multum es sollicitus, noli, queso, quasi dissimulans, licet indignos, spernere et derelinquere tuos. Confido enim per te me posse, si tu vis, pristinam adipisci sanitatem, quia firma teneo fide quod quæcumque poposceris dabit tibi Deus. » Et hæc dicens, quasi jam exhalans spiritum, membris veneno jam defluentibus, ad solum prosternitur.

Beatissimus autem Uuinualoeus, paterno affatus affectu, brachio protracto, ac modicum subridens · : « Tibine, inquit, somni jam excessit animo locus? Nichil nisi per somnum antiquus tibi potuit nocere inimicus. Mandaveram siquidem ne quis horam dormiendi, sicut nec comedendi vel bibendi, quæ-

reret inconcessam. Nota tibi astuti serpentis, qui pervigil in rebus pessimis quærendo quem devoret circuit, adhuc non fuerant machinamenta, [**Fol. 42 v°**] quia quamquam dormires, ille tamen nunquam quiescit; qui, quanto securior fueris,
5 tanto nequitiæ suæ arma preacuens, ungulam in cor non desinit figere. » Nec plura locutus, elevans illum manu dextera : « Vade, inquit, ostende michi locum in quo te illicitus corripuit somnus. » Nec mora, quamvis debilis, urgente tamen necessitate, sui deputans et confitens culpam redarguente
10 conscientia, perrexit ad locum et multum deplorans : « En, inquit, locum ubi me modicæ miserum dedissem quiæti. »

Sanctus denique Uuinualoeus, prostrato in oratione ad terram corpore, prospectisque circumquaque in circuitu omnibus locis ac tellure de cuspide baculi sui lustrata, quandam tandem
15 invenit fissuram, ubi se lucifugus expersque veri luminis lubricus anguis occulendus atras semper amando [**Fol. 43**] occultarat latebras. Moxque ubi signa ejus inventa sunt clamat : « Quicquid lætiferi seminis in ista latitas rima, erumpe, perge foras, Christi edisce trophea. » Nec diu moratus, audito Christi
20 nomine, squameus (mirabile visu) turgescente collo sibilans apparuit serpens. Sed statim crucis Christi vexillo confossus per manum viri Dei emisso, nil contradicens, contorsus nemine feriente, inexcusabilis miser interiit. Sanctus autem vir Deo gratias agens aquam petiit, et cum oleo infusa bene-
25 dictione miscitans, infirmo pene veneno consumpto porrigit bibendam. Ac statim ejus qui pene mortuus fuerat extenuatis, prepropere rursus miro in modo redeunte per membra veneno, artubus animatis paulatim succrescunt vitalibus vires. Vir autem [**Fol. 43 v°**] Domini prudentissime ammonens
30 caput serpentis ubi apparuerit esse conterendum, scilicet, aperte demonstrans pravo usui, ubi emerserit, cito resistendum, nil presumptive agens, gratias Deo una cum sanato puero et [cum] omnibus circumstantibus referebat laudes.

Sed pater ejus Fracanus hoc quoque audiens miraculum, currens ad illum talia commemorat dicens :

« Nate, meæ vires, mea magna potentia solus,

te deprecor ut exores Dominum Deum tuum ut tale pestiferum genus nusquam in ista quæ Breona dicitur appareat regione. » Sic denique, isto Deum invocante, factum est ut nullum omnino deinceps serpentium genus apparuisse dicitur in illa regione. Et si ab aliquo aliquando usque hodie hoc delatum fuerit, vel probandi modo, cito stridet quasi tridente confossus, et statim [**Fol. 44**] expandit se moriturum, prestante Domino nostro Jhesu Christo, cui est imperium honor et virtus in secula seculorum. Amen.

CAPUT XVI

De quodam ovium custode nimiis coruscationibus conterrito, sed ab eodem sancto per revelationem erepto.

Set et hæc ejusdem virtus ægregia non est pretereunda narrari. Nam, cum quidam ovium pastor, qui appellabatur Uuoedmonus, sub duce suo Quonethetho gregem sibi depositum in pascuis juxta silvam uberrimis pascebat, subito acre densa caligine quasi in uno vellere conturbato, ictibus crebro fulmineis corusco per cælum micantibus, vento, igni pluviaque turbidissime permixto, obtenebratis undique per circuitum omnibus, tantam non perferre valens aeris inclementiam, cæcatus ad terram prosternitur pavidus. Sed [**Fol. 44 v°**] et oves, pastore suppresso, fugerunt; custos autem pecudum, jam nocte, clauso diei lumine, omnia tegente, quando in se

capite erecto reversus est, nullas nisi lupos pro illis circa se
glomeratos vidit. Magno itaque tremore concussus, ait intra
se : « Sancte Dei Uuinualoee, ne, obsecro, furorem horum
contra me dimittas prevalere. Scio enim me ab his per te
5 posse eripi. » Sed nec multum vir Dei inprecatus opem non
distulit ferre poscenti; nam inter se et illos baculo reicientem
visum [est] misero, ut postea referebat, usque mane sanctum
stare Uuinualoeum. Mane autem facto et sole exorto, sanctoque huic, fugato terrore, jam non apparente, tandem intrepi-
10 dus fugitivas absque ullo discrimine ad statuta priora congregat
et reducit universas bidentes. Ac statim, pecore derelicto, graditur [**Fol. 45**] sanctum adire Uuiualoeum, omnia narraturus quæ per eum eidem in ista nocte facta sunt; ac multum,
transcendendo per campos, per viarum compita, perque sil-
15 varum opaca eo transeunte multum reboantia, talia in aures
ejus solo prostratus clamitat dicta :

Exametri versus heroici.

Sancte Dei, custos pecoris, pastoris et arma,
Qui vastans lyrcos depellis jure malignos,
Qui Christi electus rimaris dicta benigni,
20 Cum Christo presens qui largam dedis egenti,
Nil remoratus, opem misero, sed condita servans
Tecum, sed Christus ut velle tuum hoc operetur :
Dic, rogo, quis tibi similis nunc sorte potenti
Ultra hominum mores cælesti in corpore versans?
25 O decus egregium patriæ lumenque perenne,
Atque mei pecorisque simul de dente luporum
Servator proprii, sacrato in limine sistens,
Debitor, alme, tibi pro tanto munere reddo
[**Fol. 45 v°**] Dignas et digno Christo conamine grates.

Sed nunc posco tuum æterno cum federe serves,
Alme, gregem pecoris jam cum custode miselli,
Uuinualoee, decens celsi jam cultor Olymphi.
Insidiis latronum pulsis omne per ævum,
Nil inimica michique meisque simul valeat sors
Dura nocere, rogo, custos sed perpes in horis
Adsis, o preclare, meis, tu sancte, diurnis.
Commoda quæque feram, te largitore, recepta,
Aut si lapsa semel fuerint adversa peracta,
Te retrahente michi puto haut aliter retro tracta,
Nam Christi famulum Domini omnia tanta sequentem
Certus sum, claris qui semper presidet aulis.

Finitis versibus, de prosa incipit.

Hæc vero vir Dei a rustico viro audiens, stupefactus pre confusione, mitissime læto (more solito) animo auferre a se nitebatur hanc virtutis laudem, sed idem secum rusticus ammirans ait : « Miror te virum prudentem, veri Dei sequacem, [Fol. 46] velle dona auferre christicolis, quæ per te, non solum propter tui sed propter aliorum profectum, Deus concesserit. » Et talem hoc modo concludens sermonem : « Iste est, inquit, non alius, qui michi notissimus pervigili apparuit in ista preterita nocte vultus. » Sed sanctus, tali confusus questione factus, nichil rustico obponendum reperiens, ab hoc quoque miraculo, Deo monstrante, etiam nolens revelatur apertius, atque protinus in cellulam suam, ut verba narrantis audivit, tacitus se recludens, quia quo se aliter occultus conderet non habebat, erubescens confugit. Sed et rusticus nunc laudes, interdum cum increpatione, Dei secretum mysterium celantis intermittere non desinit et præces.

CAPUT XVII

Item de ejusdem visionis expositione.

[**Fol. 46 v°**] Cum autem hæc erga rusticum agebantur, solus in oratorio nocturnis quiete vir Dei tenebatur vigiliis. Quid ergo dicemus ad hæc? An ille, qui solus adhuc corporalis in oratorio stabat, statim ut invocaretur excitatus, corpo-
5 raliter anxio in tribulatione posito videndus, ad rusticum, ut Abacuc ad Danielem vel Philippus ad Eunuchum, translatus sit? An potius, corpore gravi immobiliter manente, spiritu ductus fuerit sicut beatissimus Johannes apostolus et evangelista, qui, cum reclusus fuisset in Pathmo insula, propter
10 verbi Dei amministrationem fuisse se in spiritu testabatur dicens : « Fui in spiritu in die dominico? » Utrum et angelus, qui ei custodiendo in bonis semper actibus deputatus fuerat, effigie eidem simillima ex aere sumpta, [**Fol. 47**] apparuisse dicendus est? Nam legimus in Actibus apostolorum, beato Petro
15 apostolo de periculoso carcere per angelum educto, primum quosdam fantasma esse, cæteros vero nequaquam sed ejus angelum putasse. Hoc enim nequaquam dicerent, si eum habere angelum pro certo nescirent et quædam quidem, quasi per ipsum hominem acsi omnino nescientem vel certe scien-
20 tem, ministrare putarent, hoc bene jam docti dominico sermone : « Angeli eorum semper vident faciem Patris. »

His igitur a nobis tribus propositis, veniamus ad hoc quod forte verum esse æstimamus, hoc est illum certe spiritu ductum fuisse. Si enim hoc corporaliter transductus egisset, con-
25 fiteri forsitan quod ei suggeritur non erubesceret. Si autem angelus ejus, quamvis imaginaliter, hoc fecisse, ipso absente, [**Fol. 47 v°**] credendus esset, hoc negare confestim videretur,

quod sese nullo modo egisse memoraret. Cum vero hoc seipsum spiritu egisse quod dicitur in mente recoleret, negare quæ fecerat in promptu non habebat. Cum enim carnis adhuc sarcina deprimi cerneret, hoc quod se spiritualiter gessisse meminerat fidenter explicare non audebat. Unum refugium habuit cum silentio, cellam suam. Dicamus ergo, dicamus eum illuc esse, ubi fideliter invocabatur, spiritu ductum, sicut Heliseum prophetam qui, quamquam apud semetipsum in cubili suo mansisset, puero tamen, qui post virum a lepra per virum Dei curatum quasi inscio magistro cucurrisset, revertenti cor suum presentatum fuisse dicebat ad hoc quod in via fecerat. Nam cum pro munere nequiter accepto coram Domino [**Fol. 48**] suo stans redarguitur, idem interrogavit dicens : « Unde venis, Gezi? » Qui respondit : « Non ivit servus tuus quoquam. » At ille ait : « Nonne cor meum in presenti erat, quando reversus est homo de curru suo in occursum tui? » Quid enim hoc in loco nisi spiritus per cor designatur? Quid enim? Numquid nam credibile est ut cor tantummodo, quod quidem pars quædam corporis est, corpore in cubiculo manente (corpus autem humanum grave esse pro conditione quis nesciat?), ac non potius spiritus, qui naturæ subtilioris est, transferendus credatur ad viam, aut nullo omnino modo translatus, nisi, dilatato desuperno lumine, quo perfrui consueverat (quod sæpe solet in sanctis) animæ visu elevatus? Sed tamen iterum ab istud sentiendo revocamur dicendo : [**Fol. 48 v°**] « Nonne cor meum in presenti erat, quando reversus est homo de curru suo? ». Non enim presens fuisse cor in via, per quod spiritum significari diximus, cujus corpus interim in domo sua manebat, credi potest, nisi aliquo quocunque modo transferri vel moveri credendum esset. Ductus igitur spiritus, qui corde dicto intelligitur, ad viam est, cujus cor in presenti esse non dubium est.

Est et aliud in hoc sermone, si subtilius indagetur, non

minus intelligendum. Dicto enim cor in presenti esse, seu moveatur sive non moveatur, vel hoc per quodcunque spiritus demonstratur, cujus Deus sessor et inhabitator fieri videlicet creditur, ad omne quod vult presentari non dubitetur, nam ubique presens est, et quem nichil latet, cujus ante oculos omnia aperta et nuda sunt. Sed, quem dignatur habere sedem, de illo ejus amplissimo et inexhausto [**Fol. 49**] luminis ac purissimo fonte potest et ipse, cooperante in eo gratia ejusdem, aliquid etiam magnum ac preclarum atque lucidissimum haurire, dicente Psalmista : « Quia apud te fons vitæ, et in lumine tuo videbimus lumen. » De hoc quippe fonte, si nequaquam quasi pregustando biberet, numquam diceret : « Sitivit anima mea ad Deum, fontem vivum : quando veniam et apparebo ante faciem Dei? » Et si ejusdem luminis, ex quo illuminari cupidus desiderabat, minime participem fuisse, quasi premonstrando ei quod sanctis postmodum daretur mentibus, recordaretur, non in alio psalmo subderet dicens : « Sic in sancto apparui tibi ut viderem virtutem tuam et gloriam tuam. » De qua ejus fontis puritate et luminis claritate potiti, poterant hi ambo predicti et transferri sine motu et moveri sine transitu : hoc est, et transferri [**Fol. 49 v°**] spiritu ad id quod laborabat adjuvandum ducendo sine corporis fatigatione, et moveri, hoc est, animo a Deo excitato ad illud quod inique condebatur condemnandum sine ulla vel corporis vel spiritus transmigratione, Deo in corde presidente et omnia immobiliter demonstrante, qui de loco ad locum quasi instabilis non est querendus.

Sed si quis multum sitiens cupit invenire eum, scrutetur cordis sui medullas, utrum Deo aptæ sint ad sedendum, quia dicit : « Estote sancti quia ego sanctus sum. » Et si congruas Deo sedes inveniri in se viderit, Deo gratias referat, quia non a se sed a Deo hoc esse operatum constat. Et si esse se adhuc imparem hujus muneris cernat, emundare interiora vasis sui, id est secreta cordis, diligentius studeat, quatenus Deo habitaculum fiat, dicente apostolo : [**Fol. 50**] « Dei agricultura, Dei ædificatio estis; an nescitis quia Dei templum estis et spiritus Dei habitat in vobis? »

CAPUT XVIII

De Fracani et Riuali, Domnoniæ ducis, propter suos caballos velocissimos ludicra contentione, et de virtute quæ ibidem facta est mirabili.

Sed ne tardius in istis exponendis inherendo iterum religemur, ea potius quæ de hujus sancti virtutibus cæpta sunt persequamur. Nam et hoc quoque ejusdem egregium opus videtur nobis non esse sub silentio tegendum, quod, dum in aperto auribus beatitudinis vestræ diligentissime intentis coram expositum et delatum fuerit, maximum spero, pre omnibus quæ jam de isto dicta sunt, spectaculum prebiturum. Quamvis [**Fol. 50 v°**] enim mirari non inmerito potuisset cæci lumina restaurari, oculum ab alite jam ab hesterna die comestum reparari et raptorem (quod non minus mirandum) adveniente Christi vero medico illesum reservari, et peremptum a serpente jamjamque moriturum ad vitam reduci, — plus tamen exanime jam corpus, eodem invocante, refoveri atque animam jam pænitus e corpore elapsam reduci mirandum esse decerno.

Quadam itaque die, dum contentio ludicra inter Fracanum ejusdem genitorem et Riualum, Domnonicæ partis ducem, equorum suorum velocissimorum causa, orta fuisset, cursum pene aquilarum, ut etiam tunc dicebant, assimilantium (nam quisque horum alterius sonipede suum ferebat esse excellentiorem spatio cursus emenso), conventio [**Fol. 51**] diei condicti, in qua quisnam eorum promtior fieret probaretur, amborum consensu facta est. At tunc, plurimis tam nobilibus quam ignobilibus ad spectaculum istud congregatis, levissimi in equos pueri trepidos, micantibus auribus, vix pulverem pre velocitate sui summum contingentes, artificiosissime ad cursum bene edocti conscenderunt. Plurimorum igitur equorum cursu concepto, — quia non tam [cito] hyrundo flexuosa, neque accipiter columbam persequens, neque omnino, ut fertur, omne falconum genus aera findere vacuum aliquando visa sunt quam isti cornipedes, ut vix, dromedariorum more currentium, differentia a prospicientibus inter sessorem et sessum pre cursus alacritate agnosci potuisset, — cunctis una se certatim moventibus de loco agonis, illos a sinistra, hos autem a dextera, ipse in directum [Fol. 51 v°] medius currens solus Fracani caballus omnes antecellit. Puer autem a quo regebatur Maglus, Conomagli filius, Fracani nutritoris, appellabatur : cujus subito casus meror omnium circumspicientium fuit.

Nam, cum ferre impetum currentis equi non valuit, inter acutissimas petras concidit. Cujus statim corpusculum, membris per omnia fractis et miserabiliter collisis, jam sui acceperunt mortuum, antea multum læti, nunc vero tristes effecti. Quem sui flebant parentes, et os ad os confingebant, atque omnia membra particulatim recompaginare nitentes, studium gerebant incassum. Plorabat quoque precipue et Fracanus, cujus reatu omnia quæ accidissent mala contigisse ferebat, et totus undique promiscui sexus ploratu cum alto gemitu et ejulatu repletur aer. Tandem, cum sufficienter modum dedissent fletui lassescentes : [Fol. 52] « Tollite hinc, inquiunt, eum ad sepeliendum, nam nichil aliud debetur mortuo jam facto nisi sepulchrum. » Illi autem qui prius sancti Uuinvaloei audierant atque noverant virtutes dicebant : « Vere si modo huc sanctus noster Uuinualoeus adesset, revivisci et iste quidem puerulus potuisset. Nonne etenim qui cæco visum et fraudatæ lumine eundem reverti oculum antea raptum, et moribundo jamjamque veneno serpentis grassante curam adhibere valuit, posset, si presens invocaretur, facere ut et hic quoque mortuus resuscitaretur? Non enim minus ista agere quam mortuum suscitare. »

Ceterum dum hæc dicebantur, Deo agente, (plus enim illum tribuere quam rogatur etiam et nos ingrati pro certo scimus, et ea sæpe concedere quæ nec cor nostrum infidum audet [**Fol. 52 v°**] postulare) sanctus in presens visus est adesse Uuinualoeus. Qui mox, videns vultus illorum mestissimos (sed ubi visus est, cunctos meror, spebus intentis, refugit) nichilque interrogans, quippe omnia sciens : « Recedite, inquit, non est mortuus puer sed eger jacet. » Illi autem qui antea inaniter tumultose fluctuabant frigidi, exsangues pene effecti, ignorantes quid agere deberent, primo sanctissimi viri aspectu jam ad modicum animo elevati, et hoc quoque dicto ab ejus ore audito magis magisque calefieri incipiunt et confortari, credentes a Deo missum esse, sicut de ejusdem sorore actum fuisset, ad hoc quod confidentes eundem posse prestare rogabant agendum. Nam illum, Deo operante, audierant et viderant fecisse virtutes. Sed non frustra confisi, [**Fol. 53**] meruerunt cernere læti quod diu tristes desiderabant et sperabant. Illis enim recedere pusillum jussis et globum in circuitu ad videndum quid ageret facientibus, mox, ut fidem illorum ardentissimam aspexit, dexteram exanimis defuncti comprehendens : « Dominus, inquit, Jhesus Christus, qui te cum non eras plasmavit et carnem sumens ex Virgine immaculata pati pro te non dubitavit, resuscitet te : cui, si sicut oportet petatur, nichil impossibile est. » At tunc puer qui mortuus fuerat, quasi de quodam gravissimo somno excitatus, statim surrexit, atque exinde cum suis domum remeantibus, gratiarum Deo et sancto Uuinualoco actionem in commune referentibus, sanus atque incolumis equitavit.

Dehinc, miraculorum cumulis, eruditionum sermonibus, morum exemplis, per universam terræ Armoricæ regionem [**Fol. 53 v°**] celebre factum est nomen ejus, prestante Domino nostro Jhesu Christo, cui est honor et potestas et imperium in secula seculorum. Amen.

CAPUT XIX

De alta cogitatione quæ in cor ejus irrepsit ut sancta loca in quibus sanctus Patricius fuerat conversatus inviseret, sed ab eodem ammonitus in somnis ne vagaretur et solummodo sibi in ista Armorica sufficere manere terra.

Et ecce non longe post has et alias plures miraculorum multitudines, quadam nocte, dum se post laborem consuetum, expleto completorio, modicæ quieti dedisset, hæc ei subito inhesit cogitatio ut sancta loca, in quibus sanctus Patricius habitaverat vir prudentissimus atque plene catholicus, inviseret, et ejus disciplina atque exemplis quasi discipulus frueretur ægregius. Qui non [**Fol. 54**] ante multum temporis, quasi candela lucidissima in alto collocata amplissima aspergens lumina, cunctas Hyberniæ insulæ illuminarat æcclesias, et non solum illas, sed etiam totius mundi omnes ad quas fama ejus meritumque deferri potuisset, tam fortis contra hereticos eradicandos et mundi perversores quam mitis et humilis in bonos et veros Christi cultores. Nam omnes magos atque ariolos totius insulæ predictæ, quamvis callidissimos, suæ tamen doctrinæ cum orationis virtute gratia prosternebat: aut hos sine ulla cunctatione ad interitum perpetuum, nisi Christo citissime perversa opera sua corrigentes converterent; aut hos, si prava opera perfecte penitendo derelinquerent, mercedem illis a Christo optatissimam promittendo, ad vitam secum [**Fol. 54 v°**] ducebat sempiternam. Et quosdam quidem volentes, quosdam autem nolentes, nullum autem pene intactum relinquens, omnes tandem convertit ad Christum. Hujus ergo viri excellentissimi opinione longe lateque diffusa incitatus, differri se nisi usque in crastinam diem posse nullo modo molitur, sed cum mercatoribus transmarina negocia ausportantibus, ventum in portu serenum expectantibus, simul pergeret et transmigraret ad Scotos.

Hæc autem eo cogitante, apparuit ei eadem nocte in somnis vir splendidissimus, quasi habitu angelicus et quasi in capite coronatus, et dixit ei : « Sancte Dei Uuinualoee, vigilas? » Qui respondit : « Ecce adsum; quis es tu, domine? » At ille : « Frater, inquit, karissime, non sit tibi cura tanta enatare maria, tanta terrarum perambulare spatia. Ego [**Fol. 55**] sum Patricius, quem cupis adire; noli vexari. Omnia quæque desideras nosse in solo alieno, poteris et in tuo manens pro certo scire. Sed hic non multum inhabitabis, nam Deus ipse Christus, cum jam ita sit, magister tui aderit. Cur Christus sedem sibi dedicatam, id est pectus servuli sui, odoriferis miræ pulcritudinis non sculperet et exornaret gemmis, id est, virtutum nutrimentis? Habes Vetus, non nescio, et Novum cum scientia docili Testamentum; in his semper et quæ ex illorum radicibus germinant vive et meditare : nichil aliud, dico tibi, necesse est querendum. Habes et amantissimum patronum, cujus dulcia quasi mel in ore tuo semper redolent verba; habes et nostri, quem vidisti et audisti, normam. Igitur, hanc etiam sequens, sed tamen hic non longe inhabitaturus, habes et in tua quod volebas querere [**Fol. 55 v°**] in aliena terra. Ne ultra, queso, quæras; sed vade, quere locum cum aliis quos tibi dederit magister tuus, apte tibi, sicut ipse scit, convenientibus. Sed illorum memento et aliorum in futuro plurimorum quia doctor et dux eris. Nostri tamen presentiam quantum vidisti sufficiat tibi; sed memoria nostri et, quod eo multo plus majus est, Christi, nunquam recedat a corde tuo. » Hæc et alia plura postquam locutus, quippe omnia docens quæ agenda regulariter essent, cito ab ejusdem oculis evanuit.

CAPUT XX

De ejusdem visionis relatione apud pium magistrum et pia ejus responsione.

At ille impiger omnia magistro ex ordine cogitationis suæ nec non et visionis relaturus, cellulam ubi ipse solus dormiebat, legebat atque [**Fol. 56**] meditabatur, mane facto humiliter adorans adiit, atque, petita primo benedictione et data dicendi licentia, [locutus est]. Hoc enim semper in usum habebant ut, si non necessitas nimia aut utilitas multum necessaria cogeret, omnino non loquerentur, maxime autem horis silentio dedicatis, scientes procul dubio mortem et vitam in lingua esse deputatam. Omnia hæc audiens recolentem, postquam paululum conticuisset et apud semetipsum quid hæc essent deliberasset, senex hilari vultu respondit ad illum : « Tune igitur adhuc furto es satiatus? » Ille autem nimio rubore confusus : « Quali, inquit, furto? » Tum senex : « Visendi, ait, Patricium, te nemini prius indicante. » Ille dehin : « Tali me confiteor furto satiatum. Ex quo enim hæc michi adhæsit cogitatio, donec [**Fol. 56 v°**] ille per visum hunc quoquo modo apparuit, totum cor meum amore quasi ardenti igne comburebatur, et modo ex memetipso didisci quod vere dictum est ignem esse caritatem. Nunc vero, postquam ejus visione pariter et allocutione fruitus sum, quamvis amor verus non minus semper permanet, tamen anxiatio cordis magna ex parte quievit. »

At senex : « Divina hæc revelatio est, non ficta temptatio. Noli, ait, timere, sed vade; nichil diu retractans, imple divinum mandatum quod tibi per sanctum virum transmissum est. » Et multum deflens adjecit dicens : « Tibi dabo quos michi dederat Deus, undecim discipulos, viros post te secundum cor meum, in omni opere Dei promtissimos. Et nunc, post vos, miser ignoro quid eligam, mori an vivere. Felix tellus, [**Fol. 57**] ad quam splendidissimæ mittimini stellæ, maximam singulæ sufficientes magni mundi illuminare partem. Infelix autem ante alias quæ, postquam enutrivit vos, quasi mater orbata spoliatur a vobis. Spoliatum ergo vestrum quod fuit relinquitis monasterium et meipsum, jam decliviori ætate squalentem, orbatum, consolari a nemine recepturum. » Atque unumquemque ex undecim post sanctum Uuinualoeum, insertis ab invicem duobus brachiis, cum corde suo complexans, dato amantissimæ pacis cum lacrimis osculo :

« Gaudeo tamen, inquit, propter quod vos Deus elegit, licet michi subito carnalis hanc quidem mesticiam suggereret affectus. Valete, valete, pacem habete. Quis enim tam hæbes ita velit Dei resistere voluntati, cum nichil a se boni possit, sed ipse Summus ex abundantia bonitatis [**Fol. 57 v°**] suæ corda adherentium ejus testimoniis replet bonis : qui antequam incipiant ipse accendit, et cum accenderit nutrit, et cum nutrierit custodit. Pacem inter vos, caritatem non derelinquentes, habete. Nichil igitur de his quibus homo a Deo prohibetur in terra sollicitantes (nam et ipse qui vos creavit, si vestræ illi placuerint viæ, cuncta vobis prestabit oportuna), lectioni cum humilitate — ne quis propter suam scientiam infletur, quam non a se sed a Deo sibi datam non nesciat, — vacate. Operi manuum cum cordis contritione et humiliatione, ne quis ex arte sua humanum quærat favorem, inservite; neque dupliciorem inde ambiat honorem quam ille qui nescit. Nam idem Deus, qui operatur omnia in omnibus, utrumque fecit et qui talem artem illam scit et qui nescit; et interdum evenit, [**Fol. 58**] Dei dispensatione, ut qui modo indiget in hoc abundet in alio, et qui modo in isto abundat in alio indigeat; nam omnium simul artium expertem, ut puto, neminem Deus fecit, sed unicuique aut unam aut duas aut etiam tres vel aliquoties plures quibus pasci possit concessit, ut glorietur Deus per omnia in omnes. Orationi cum jejuniorum vigiliarumque continuata, secundum regularem et antiquam patrum mundi hujus contemptorum traditionem, moderatione instate. Quid igitur ulterius immoror? In his etiam tribus sententiis, si bene denodetis, omnia quæ hujus vitæ quam cupitis pertinent comodis vel sive activæ, sive speculativæ, sive pariter utrique operam velitis dare, continentur. Hæc autem apud vos semper, cum stabilem Deo prestante inveneritis [**Fol. 58 v°**] locum in quo hæc operimini, retinete, quæ vel a me vel vidistis vel didicistis agi, vel a sancto Patricio quæ jam tibi ostensa sunt, vel a quocumque agiographorum sectatore catholicorum doctore ostendenda. »

CAPUT XXI

De figmentis girovagorum vitandis.

« Cæterum vero figmenta et novas adinventiones, quæ non habuerint firmam de sacrá Scriptura radicem, nolite recipere, et eorum fabulas qui per multas vacillando discurrunt regiones, qui multum bibendi et comedendi — quasi cáritatis gratia, ut illi mentiuntur, vel fratrum vel hospitum adventu, sive alicujus diei solempnis quamvis magnæ vel parvæ interventu, vel aliter alicujuscunque causæ merito, — absque ulla mensura sed quantum postulaverit venter, falsas introducunt ad monasteria bono [**Fol. 59**] more stabilita auctoritates, non de sacræ Scripturæ scrinio aut de sanctorum patrum exemplis vel scriptis, qui normam vitæ rectissimæ duxerunt, haurientes. Sed si mendatium illorum a probabilioribus intentius discutiatur, illi lupi sub ovina pelle latentes, se quasi humillime, immo fallacissime defendunt, vel quasi scorpiones, quorum mos est ut, dum palpitando ore blandiuntur, cauda cito venenosa perimant. Isti autem quasi ore palpitant; dum ad male agendum suadent, quasi cauda percutiunt : quia, dum corda fratrum simplicium quorumque secum pariter ad inferos pertrahunt (horum malæ suggestionis perpetratæ retributio, nisi legima satisfactio subsecuta fuerit, pæna est sempiterna), se vidisse hæc dicunt ita concessa fieri in monasteriis longe positis, [**Fol. 59 v°**] ubi falsæ eorum dictionis non possit argumentum ab auditoribus probari, ad quæ longe transmigraverunt vel habitaverunt in illis. Horum ergo, ut probaveritis, devitate consortia, aut loco, si fieri potest, aut conversatione; utrumque enim, id est et loco et conversatione, vitare illos multum proficit, quia non solum non edificant sed etiam multum destruunt. Horum autem versutiam ex hoc dinoscere poteritis, quod nullus eorum boni operis exequitur fructus, nisi tantum per hypocrisin, et hoc ipsum non incognitum diu peritissimis erit. Hoc est enim et hujus argumentum, quia non idem status longe permanebit sed per singula tempora movebitur. Nam hoc esse hypocritarum opus constat multum incipere et imperfectum cito relinquere. Quod autem sanctis bene suffultum patrum autoritatibus [**Fol. 60**] videritis non discrepari, illud non rennuatis accipere, sed (prius bene considerato, ne quid non cum consilio discussum agatis, ne postquam factum fuerit pæniteat vos) non solum cum Deo gratiarum actione suscipiatis, sed cum humillima supplicatione petatis. »

CAPUT XXII

Item de extrema magistri valedicentia.

« Satis igitur hac nostri ammonitiuncula contenti (et quod semper Deus per augmentum in cordibus vestris plantet!) Deo per omnem quam ituri sitis viam ducente atque per omnem quem cæperitis locum protegente, inaltato crucis signaculi vexillo atque ex nostro firmæ pacis osculo sigillato, ô Christo socii michi quoque karissimi, pergite. O tantum mei, quando cum Christo regnare ceperitis, recordamini! Sed ego non aliter, si prius sublatus fuero, non ero immemor vestri : prestante [**Fol. 60 v°**] Domino nostro Jhesu Christo, qui cum Patre et Spiritu Sancto vivit et regnat Deus per cuncta seculorum secula. Amen. »

Explicit Liber primus.

Incipit ejusdem conclusio vel subsequentis Prefatio.

Hactenus in isto libello pauca de plurimis quæ in teneriori quidem ætate peregerit signis, sive ex antiquis recolligentes scriptis, sive ex majorum relatione venerabilium, dictis elucidare prout potuimus curavimus. Hæc autem quæ de beatissimis ejusdem actibus, quos jam robustior ætate et merito perfecerit, a bene scientibus discentes, sive ex scriptis, sive relatu cognoscimus, aliis adhuc non plane scientibus depromere, prout ipse Dominus noster Jhesus Christus concesserit, si vita comes fuerit, in subsequenti codice prosequemur : æquum rati hunc tali debere concludi termino, quo finem [**Fol. 61**] conversandi huc usque discipulus habuit in eo quo imbutus fuerat loco; justum vero [illum] incipi oportere cum jam, aliorum preceptor existens, mutans locum non morem, sed meliorans, egrediens a magistro, doctor ceperit perspicuus haberi.

Explicit præfatio.

LIBER SECUNDUS

CAPUT I

De egressione ejus, a predicto seniore permissa licentia, cum undecim fratribus, et de ejusdem familiari ammonitione, dum iter agerent, quomodo se contra insidias antiqui hostis tam caute agerent.

[**Fol. 61 v°**] Postera autem die, post talem allocutionem, egressus Winualoeus [**Fol. 62**] cum undecim fratribus sibi traditis, accepta a patre eximio [sibi] et suis predicto benedictione et data invicem mutuo multa copia benedicendi, ignarus
5 quanam in parte se verteret sed Dei fretus auxilio, cuncta ejus dispositioni committens et gubernatui, iter beatum beatus perrexit, non tamen hoc solum quod corporalibus carpi videtur pedibus, sed illud potius quod, elevatis bonorum morum actionibus, spiritualiter pergraditur gressibus. Quamvis enim
10 honorifice in loco predicto vitam ageret ægregiam et pæne, licet inter cœnobitas habitaret, anachoreticam, tamen angustiorem in eo quo ossa ejus sacra nunc condita sunt aggressus est semitam, in quam nemo, quamvis raro, ex tunc et nunc ausus est sequi illum, sicut, si Deus siverit, in subsequendis
15 demonstrabitur.

Sed non ejus regula, quam suos docebat [**Fol. 62 v°**]

discipulos, ejus tantum vel vita vel conversatio fuit; nam, quam suis dat et precipit regulam, vivendi transiliit sublimitate. Quod tamen si quandoque pervenerit, non statim ad generalem formulam referri debet; non enim a parte minima, id est de consideratione paucorum, sed ex his quæ multorum, immo omnium, subjacent facultati universalis est regula proponenda. Si qua vero rarissime atque a paucissimis optinentur, ac possibilitatem communis virtutis excedunt, vel supra conditionem humanæ fragilitatis naturamque concessa, a preceptis sunt generalibus sequestranda nec tam pro exemplo quam pro miraculo proferenda. Regula enim dicta est eo quod dirigat mores, et quia plus minusve æquiperat. Plus enim destruit deterrendo, minus non ædificat tabescendo. Utroque itaque evitato, quod mediocre [**Fol. 63**] et temperatum fuerit magis magisque crescit et in altum tandem bene porrectum consurgit. Hoc autem superius devitans, et istud mediocriter ex sanctorum patrum sumens sententiis, sive Basilii, sive Penuphii ceterorumque æque catholicorum, dat eis quod cuncti vitam volentes ducere sanctam, quamvis non absque labore et quidem grandi, communiter sine ullo ambiguo, Deo favente, possent peragere.

Ille autem solus athleta ad pugnandum contra hostem invidum electissimus, velut impiger miles dux belli, qui cunctas e regione antecellit et cum stridore incitat ad pugnandum legiones, utraque hostium in procinctu acie jam cominus apparentium stante, inter sese invicem clangentibus utrinque raucisonis tubis bellum cientibus jamjamque aggredientium, et hos statim, inito conflictu, aut hos [**Fol. 63 v°**] terga verti necesse est; tum corda pavidorum momentatim tremunt, audacium tamen vibratis acriter contis sese acuunt : ille autem, sine ullo intentionis suæ motu, nichil aliud nisi superare hostem cogitans, nec spolia adhuc distribuere quamvis obtima, aut hortando suos cingit, aut inter eos multa munera daturum se promittendo interfit si superare non superari queant, aut congregando et confirmando subsequitur, et tamen tum demum sese in hostem coram illis ultro ingerendo antecellit, hortans omnes de hac re non dissimiliter sic ita facturos. Ita sanctus haud aliter Uuinualoeus, omnibus diebus, horis atque momentis, vel dictis sive exemplis corda suorum non cessat premonere discipulorum contra antiqui hostis seducta, et dura [**Fol. 64**] et mollia et aspera et lenta, fortissime et vigilantissime pugnare esse parata, hoc aiens modo :

« Nam dum quasi palpando mollescit, ipse tunc ferit; dum bona promittit, mala prestat; dum vitæ longevitatem ammonet vel suggerit, proximus homini decipiendo finis est; dum suggestionibus quasi multum profuturis animum pascit, nichil est quod sperari debeat; dum allusionibus fantasmaticis terret, nichil est quod vereri oporteat; dum quasi audendo viget, tunc infirmissimus est et facillime superari quitur; dum vero quasi fugiendo mitigatus abscedit, tunc audacissimus rebellis est et, nisi per orationem et jejunium cum opere manuum frequentato, et per mortis æternæ recordationem et Dei miserentis misericordiam, et per totam in Christo conversam intentionem, [**Fol. 64 v°**] expelli nequaquam potest. Totius iniquitatis et perditionis vas est. Qui cum silere putatur, mox rapere cernitur; non dormit, non quiescit, nichil quærit unde pascatur nisi ex hominum animabus perditorum. Cui tamen si forte restiteritis, non solum contradicere, verum etiam prosternere, totum conversi in Christo, illo auxiliante, poteritis. »

CAPUT II

De egregia ejusdem laude et virtutum distributione atque unita conjunctione.

O beatissime Winualoee, plus mirari quam imitari vales, tam sermone splendens quam operibus fulgens, in docendo prudentissimus, in custodiendo quæ doces et demonstrando vigilantissimus, et tamen tuam doctrinam exemplis fulcire non desinis. Plus opere, quamvis ex utroque, quam verbo ædificas; monita factis [**Fol. 65**] precellis, quia non tantum tibi quod aliis jubes agere sufficit, sed ultra pene vires omnium post apostolos conscendis. Quis enim tam mitis in erudiendo inveniri potest? Omnes tamen tibi coherentes ædificas. Quis in omni sermone tam cautus, opere tamen ferventissimus? Quis in omnibus tam clemens, omnia, quasi prudentissimus dispensator, secundum quod tempus postulat aut res, faciens? Nam quosdam verborum refectione enutris, quosdam autem bene vivendi exemplo informas; alios cur tepide pigritantes sederent improperans, paterno affectu ad studium bonæ actionis mores corrigendo incitas; omnia omnibus, sicut ait apostolus, factus, ut omnes in Christo lucrifaceres. Aut enim leniter monendo, aut obsecrando aut increpando, aut interdum, si necessitas urgeret, pænas comminando, omnes ad Christum niteris conciliari. Quis umquam in suos, omne judicium misericordia [**Fol. 65 v°**] exaltans, tam suavis et dulcis inveniri potest? Nichil tamen neglegentiæ inconsultum ducens, ne aut propter remissiorem misericordiam segnicies et mala securitas et inde superbia nasci vel enutriri posset. Ex quo tamen cunctis clementior et moderatior apparuisti, tibi soli inclementior fuisti; universis quasi mater honorificata benignus, tibimetipsi gravis et amarus.

Nemo sic suam ab infantia domuit carnem : homo vivens in corpore, cotidie propter arctissimam vitæ conversationem mortuus, cotidie propter spem in Christo firmissimam vivus, sicut scriptum est : « Propter te mortificamur tota die. » Mundum totum perdidisti, ut illam inter sanctos accipere merereris de optime ministrante promissionem Christi dicentis : « Quia super omnia bona sua constituet eum. » Perdidisti [**Fol. 66**] quoque in ista vita, quod majus est, et animam, id est afflixisti, non tribuens ei omne desiderium suum. Quamvis enim quis sanctus sit, tamen, dum in hoc corpore mortali positus fuerit, ad id interdum necesse est trahi quod saniori cordis consilio non vult, dicente apostolo : « Condelector legi Dei, video autem legem in membris meis repugnantem legi mentis meæ, » et reliqua. Ideo in ista vita mortali et tenebrosa perdidisti, ut illic ubi lux regnat et vita permanet invenires illam, sicut Salvator preceperat : « Qui amat animam suam perdat eam, et qui perdiderit animam suam propter me in hoc mundo, in vitam æternam habebit eam. » Igitur omnes vitæ tuæ actus paginis non possunt contineri, sed apud Christum, qui dat unicuique secundum [**Fol. 66 v°**] opera sua, possunt annumerari. Nam omnes, qui modo vitam et tunc etiam mortalem ducunt, merito antecedis. Ultra omnium pene mensuram vel vitam mortalium agis. Latam declinas et spaciosam viam, quæ ducit ad perditum; angustam supergrederis semitam, quæ ducit ad vitam : non ut omnes quæ tu facis, quamvis excellentissima, ita agere cogeres; sed quibus virtus, si fieri posset, a Deo data suppeteret, multum suades ut ita agant. Nam nec omnes omnia possunt agere quæ tu facis; sed et qui minima et qui maxima agunt in te cuncta conspiciunt, te pastorem devotissime tota voluntate sequentes, quamvis non ita per totum operari possent.

Nam non ita uni omnia dona sua concedit Deus, sicut

nullum [**Fol. 67**] iterum, ut in precedenti libello jam dictum est, expertem omnium omnino facit; sed ideo te tam excellentem fecit, ut multi, exemplo tui prope vel longe fruituri, te quasi spectaculum haberent, ad quod aspicere semper deberent. Ideo autem non uni omnia, sed perplura dantur ei quem lucere aliis disponit, ne in superbiam elatus corruat. Hoc bene per Hiezechielem declaratur, ubi legitur : « Pennata animalia alas alteras ad alteram feriunt, » quia omnes sancti se invicem suis virtutibus tangunt, et sese ad profectum excitant ex consideratione virtutis alienæ. Non enim uni dantur omnia, ut prefati sumus, ne in superbia elatus cadat; sed huic datur quod illi non datur, et illi datur quod huic denegatur, ut, dum iste considerat bonum quod habet ille et ipse non habet, illum sibi in cogitatione [**Fol. 67 v°**] preferat, et rursum, dum ille hunc illud habere conspicit quod ipse non habet, ei se in sua cogitatione postponat, et fiat quod scriptum est : « Superiores sibi invicem arbitrantes. »

Ut enim pauca ex multis loquar, isti miræ abstinentiæ virtus tribuitur, et tamen verbum scientiæ non habet. Illi datur verbum scientiæ, et tamen virtutem perfectæ abstinentiæ apprehendere conatur et non valet. Huic libertas vocis tribuitur, ut obpressis quibusque profectionis solatia impendens ad defensionem justiciæ libere loquatur, sed tamen adhuc multa in hoc mundo possidens relinquere omnia vult et non valet. Illi vero jam datum est omnia terrena relinquere, ut nichil in hoc mundo cupiat habere, sed tamen adhuc auctoritatem vocis [**Fol. 68**] contra peccantes quosque non presumit exercere. Et qui ideo plus loqui libere debuit, quia jam non habet unde hoc mundo teneatur, loqui contra alios libere recusat, ne ipsam vitæ suæ quietem perdat. Isti virtus prophetiæ data est multa, jam quæ ventura sunt providet, sed tamen presentis proximi ægritudinem prospiciens atque compatiens non valet curare. Illi data est curationis gratia atque a corpore proximi molestiam in presenti orationibus repellit, sed tamen seipsum quid paulo post sequatur ignorat. Dispensatione omnipotens Deus sic in electis suis sua dona dispensat, ut et isti det quod illi denegat et alteri majus quod alteri minus tribuat, quatenus, dum vel iste habere illum conspicit quod ipse non habet, vel [**Fol. 68 v°**] ille hunc majus accepisse considerat quod sibi minus adesse pensat, dona Dei alter in altero, id est vicissim, omnes ammirentur; atque ex hac ipsa ammiratione humilietur alter alteri, et quem videt habere quod non habet eum divino judicio sibi prelatum putet. Cui ergo tu, sanctissime, comparari potes, Uuinualoée, omnibus his donorum distributionibus plenus, mirandus in abstinentia, in verbi Dei scientia nitidus, in vocis libertate contra terrenas potestates strenuus, omnium terrenorum spretor firmissimus, rerum longum licet post tempus imminentium prescius, curationis gratia donatus, omnia hæc et multo plura in teipsum complectens, quæ divisibiliter in cæteris distributa sunt! Cui similis estimaberis, cujus nec lingua nec vox neque ingenii humani [**Fol. 69**] facultas potest facta complecti!.

CAPUT III

De ejus transitu per pagos Domnonicos et de loci inventione atque de ejus conditionis asperitate.

Hic igitur, — ut rursum ad propositum nostrum expeditius redeamus, ne fastidium gignere videamur tam longum protelando sermonem, et non tam longum quam verum, — per pagos ad occidentem versus Domnonicos transiens circaque Cornubie confinium perlustrans, tandem in insula quæ Thopepigia nuncupatur cum supradictis comitibus prospere hospitatus est : locus, inquam, asperrimus, ad omnem ventum porrectus, mari undique pene et acutis rupibus precinctus, nulli humanæ habitationi dignus. Illic ergo quibusdam casis et parvo oratorio instructis, hortoque [**Fol. 69 v°**] ad holera subministranda plantato, tribus habitaverunt in annis. Attamen ubi ad locum ventum erat jam dictum, statim singuli quasi apes ad alvearia voluntarie ministrabant. Sed quia nullo modo indignus conveniebat eis locus, non tam propter infertilitatem quam ventorum procellarumque immanitatem retardati contristabantur. Iste autem vir Dei, pro tantis hujus loci incommoditatibus suscitatus, suis illum querule poscentibus ut Deus incommodatibus eorum subveniret omnibus, uniuscujusque sinaxeos horis regulariter expletis, rogare consueverat Deum ut unus ex eis, quem Deus vellet, ab ista momentanea assumeretur vita, qui pro fratrum suorum interpellaret causis. Hoc autem in annis predictis [**Fol. 70**] non est exauditum, quia talem locum noluit Deus vel unius corpusculi discipulorum sancti Uuinualoei sepultura consecrari, sed ubi eorum caput quandoque quiesceret, ibi decentius cuncta illius membra collocarentur assumpta.

Erat autem quidam collis in medio insulæ, super quem cum undecim sedere et dictare consueverat discipulis. Hinc vero silva conspicitur decora super monticulum posita, et vallis in medio constituta ad ortum solis conspecta ; sed magnum pelagus, cui fluvius ingens proprio nomine Ampnis jungitur, quasi fere bini miliarii spacio intererat. A vallis autem medio fundo, sole cotidie protinus exorto, quasi fumus in altum porrigebatur nebula, et locus inde cotidie aspicientibus lætissimus apparebat. [**Fol. 70 v°**] Ad hunc ergo locum deduci flagitabant. Ille autem tamdiu demoratus, ne vagandi culparetur vitio, donec illi de supernis aspiratum est stabiliter in eodem manebat loco, sed locum sibi pœnitentiæ dari cotidie Deum hor-

tabatur petituros. Si quas autem ibidem peregerit virtutes, in patrum dignæ memoriæ venerabilium monimentis non repperimus. Quod autem firme et inreprehensibiliter, sive relatu, sive exemplaribus pro certo exanclamus, illud procul dubio
5 intimare curabimus.

CAPUT IV

Item ad querendum alium locum de maris divisi transitu, et de fundo, lustrata valle, in medio ejus reperto.

Quadam igitur die, dum ex more solito super predictum [**Fol. 71**] collem, tercia hora expleta, in unum congregati convenissent, et locum ultra mare, ubi nunc sacrum corpus ejus cum innumerabilibus sanctorum sociorum requiescit cor-
10 poribus, aspicerent semotum et pergendi ad illum haberent votum, facta prius oratione, dixit fratribus : « Tantusne inest vobis adhuc tam validus amor ut ad locum properetis illum quem diu desiderastis? » Illi autem, pre confusione stupefacti, responderunt : « Domine, scimus quia homo Dei es;
15 sicut tua, ita nostra erit voluntas; nos enim nequaquam nostram, sed tuam potius sequemur voluntatem. » Ille autem mitissime ait : « Immo Dei, non mea, sequenda est. » Illi ad hæc : « Tua a Dei non longe discrepat voluntas, quia quæ placita sunt ei semper agis. » At ille : « Momentanea est,
20 inquit, [**Fol. 71 v°**] et brevis vita hominis super terram : quam qui perfecte calcarit vita fruetur non decidua. » Illi vero ad hæc : « Domine, demonstra nobis viam per quam itur ad illam. »

At ille : « Demonstravi, inquit, et iterum demonstrabo;
25 sed et nunc si vultis tantum proscindere profundum, et locum illum adire contemplatum — cujus vos etiam silva

quasi invitans, si vestri aperti sunt oculi cordis, sese vestro flectens conspectui supplex adorat, — flexis ter genibus solo provoluti, Christum Dominum humiliter rogate ut, si dux et comes nobis adesse dignatur, vobis hodie signum demonstret notissimum. » Quo denique facto : « Teneat, inquit, unusquisque fratrum prioris precedentis manum. » At ubi hæc dixerit, sequentis se tenens prioris [**Fol. 72**] dexteram, ceteris in eodem ordine ita agentibus, profundi maris ostium baculi percussit cuspide. Cujus cum ora sic tetigisset, Moysaicum post maris Rubri transitum cum undecim decantans ymnum, fretus Deo ducente, divisum glareis in modum callis intravit mare pulverei siccatis, muro utrinque circumdatus Tethico, aquis a superiori fluvii parte pendulis, ab inferiori autem in modum fugientis timidi retrusis, et sic maris profundi terminum, nullo timore perturbati, siccis pedibus pertransierunt per siccum.

De hymno post maris divisi transitum.

Cum autem siccum, post maris divisi transitum, perambularent littus arenosum, hunc ymnum cecinere dicentes :

En modo hic est hymnus.

Ore canora canamus summo cantica Christo,
    [**Fol. 72 v°**] Pontum qui magnum nos aperire facit.
Optime, quis poterit dignas tibi reddere laudes,
    Indignis merces qui tribuis famulis?
Omnia nunc Domini, Domino benedicite, facta;
    Laudibus ex alto continuis canite,
Angelicusque chorus cum cæli nubibus instans
    Grates precelsis personet ægregias.

Lympha beata, poli quæ celsa cacumina tranas,
　　Complexisque Dei viribus, haut sileas.
Sol quoque cum luna nitidisque simul ferat astris
　　Actibus eximiis præmia digna suis.
5　Imber, rosque, laresque, nivesque, geluque rigescens;
　　Noxque diesque, meo reddite digna Deo!
Lux, tenebræ, fulgur, nubes, tellus quoque, montes,
　　Colles, cuncta Deo germina concinite!
Fontes, pontus, flumina, bellua, piscis aquosus,
10　　Omnis avis poli, bestia cum pecore,
Nati hominum, Domino, Israelque omnisque sacerdos,
　　Subjectique sui, flectite corda Deo!
Vitalisque simul flatus animæque vigent quæ
　　[**Fol. 73**] Ominibus sanctis spem teneant validam!
15　Sancti humiles, Misael et Azarias Ananiasque,
　　Cordibus erectis vociferate Deo!
Terraque cum precibus fundo moveatur ab imo,
　　Fundens ex voto dulcia dicta Deo.
Patrem cum Nato æquali laudemus amore
20　　Et Sancto Spiritu contribuendo fidem.
Cuncta per egregia benedictus secula laude,
　　Summe potens, ampla magnificaris ope!

CAPUT V

De loci introitu et ejusdem situ.

Et ymno dicto, ingredientes silvam pergrandem super ora littoris sitam, lustrantesque vallem quæ prius eis de longe 25 apparuerat, invenerunt quendam in medio ejus fundum in modum fundæ formatum, arcuatis utrinque montibus et saltibus quasi intercisum; locum quidem quietissimum, silvis dumisque rupibusque acerrimis et precelsis aggeribus ex uno [**Fol. 73 v°**] latere circumseptum, ex altero vero mari et fluvio terminatum.

Nam, ut verbi gratia ejus formulam longe distantibus exprimam, per totum ab orientali et australi nec non et aquilonali plaga mari profundo cingitur, velut arcus cum maxime tenditur, reflexis interius geminis cornibus, ubi locum inter montes invenerunt sinuosos, id est ex australi et aquilonali plaga æqualiter procurvatum. Ab Occidente vero, saltibus montaneis de mari ad mare quasi nervus inter duo arcus cornua directus transversis superfertur, paulatim Orientem versus per declivia montis delapsus : ex qua tantum parte, id est occidentali, introitus est loci illius, et tamen non facillimus, per declivioris montis [**Ms. B, fol. 44 v°**] litoreum latus gyrans et declinans ad austrum, pergens ad orientalem sancti nunc monasterii portam. Nam facies ejus semper ad Orientem versus respicit, et nulla nisi una circumcluditur porta. Fossa namque et montaneis cum rupe silvis ex dorso jungitur; muro autem in facie ex utroque porte latere munitur : ex quis duobus cornibus in longum quasi bine sagenarum alæ extenduntur. Hæc est itaque prima ala pontus, ad Circium Orientemque versus et contra estivum solis occasum descendens. Secunda autem ala fluvius predictus est, ad Eurum per flexuosos anfractus Flavoniumque ascendens et contra estivum solis ortum, usque ad montis Araegi latera.

Inest igitur inter predictum mare arcuatum, id est in modum arcus formatum, et saltum montaneum in modum lini a mari flumineo australi usque ad aquilonale mare transversum, locus quidam apricus et amœnissimus, atque ab omni pene vento, excepto paululum orientali, intangibilis, [**B, fol. 45**] velut quidam paradisus ad ortum solis splendide conspicuus, primum singulos per annos flores et germina erumpens, ultimo folia amittens; locus inquam a Deo servitoribus suis preparatus; hortus omnigeno florum colore decoratus, in quo non solum terrestres, sed celestes potius adquiruntur fructus. Atque hoc quoque ex eo die privilegium semper usque nunc habet, quod nunquam femineus eundem locum cum omnibus septis ejus late per circuitum, quasi lege ex ore sancti Uuinualoei sancita, temeravit introitus. Illic ergo eo in loco tutissimo sedere maluerunt, Deum per omnia glorificantes.

CAPUT VI

De optimo fratrum servitio atque familiarissimo.

At tunc, velut apes ad apiarium multum sibi placitum ferventissime cùm se una cum rege suo in unum congregarint preoptatum locum : pars enim per agros quosque dispersa flosculos carpit; pars, confertis victualibus, remeat ad castra; alia gluten tenacissimum prudenter amministrat; alia modicas instruit cellulas admodum quietas; quædam mel stipat liquidissimum; cetera vertit in cæram flores; alia ore fingit natos; [**B, fol. 45 v°**] alia collectum e foliis nectar includit; quædam regit; quædam sceptrum custodit; quædam regnat; quædam movetur; quædam sedet; quædam ad bellum, si necesse fuerit, semper habilis. Rex autem in medio tutus sedendo cuncta disponit, nullo turbandus negotio nisi prius totus grex perturbatus fuerit. Protinus enim vel ad mortem in causam regis ulciscendam sese immittunt, omne vitæ suæ commodum in rege conservando ducunt; illo dempto, omnes adimi et dispergi atque finiri deputant; illo servato, omnes conservari. Nulli tamen fores palatii pretergredi a vespere in mane licebit, exceptis atrii custodibus, nisi gravis causa ingruerit. Et si tamen aliqua conturbatio nata fuerit, non solum janitores sed etiam omnes, excepto rege cum curatoribus, ubi sonitum buccine clangentis audierint, mox pugnaturi e castris egrediuntur. Pacem non dant nec amant falsam; cum pax, pax sit; cum bellum bellum sit.

Sic non inæqualiter, cum predictum tenuissent locum, omnes ad laborem amantissimum prodeunt, Deo et loco ad quem venerant inprimis benedicto, in omne [**B, fol. 46**] opus monasteriale partiti. Nam quidam cum sarculis terram proscindere, quidam cum securibus ligna concidere et dolatoriis planare; alii aquam a longe asportare jussi sunt, quia inaquosus et arenosus erat locus, licet preter hoc amœnissimus. Ille autem solus orationi vacabat. Nam idem opus ejus familiarissimum erat in divine semper legis meditatione orationi vacare.

CAPUT VII

De aquæ petitione.

Dum autem quadam die, propter aquæ longinquitatem et non solum propter iter tam longum quam etiam propter excessum a claustris monasterii tam separatum fatigati, cœpissent illum rogare, consulte constituit eis ut ad predicta opera proficiscerentur. At, illis jussis ejus obedientibus, solus in claustro relictus est. Quid igitur ageret? Nam, omnibus a se discedentibus, expandens se in oratione, stando deprecabatur dicens : « Domine Jhesu Christe, qui siccam rupem producere aquam sitienti populo tuo in heremo largiter jussisti, cujus aquam qui biberit fiet in eo fons aquæ salientis in vitam æternam et de ventre ejus fluent aquæ vive; qui et ipse fons vitæ es, digneris, [**B, fol. 46 v°**] quæso, et huic parvissimo monachorum gregi aperire et dare fontem aquæ,

unde ministraturi in hoc loco sitim possint extinguere. »
Hæc ita ubi dixerat, quasi circulum in modum fontis de baculi
sui cuspide fecit. Et ecce mox aquæ largissimæ egressæ sunt,
et fons patens liquidissimus apparuit, et statim oram ter-
mini sui excedens, contra solis ortum profluens, litus appe-
tens se dirigit. Fratres autem, dum hæc faciebat, ibi non
erant. Attamen post jussum expletum revertentes, videntes hoc
quoque pergrande miraculum, multum gravisi sunt, et Deum
etiam in hoc, sicut in omnibus ejus virtutibus, laudantes ado-
rant, quippe quia vetera renovari miracula cernebant. Novus
videtur paradisus jam veraciter dictus, ex quo jam in medio
fons patet largissimus. Quæ enim mens misera, licet mestis-
sima, quam etiam situs hujus loci non consolaretur valde
decorus, modo jam non solum arboreis omnigeni pomarii ve-
nustatibus plantatus et holerum mirificis odoribus repletus,
sed, quod multo majus est, sanctorum [**B, fol. 47**] fragrantia corporum illic pausantium decoratus, qui nequaquam præ
multitudine ab aliquo possunt denumerari?

Videtur etiam et novus Moyses in pontum transeundo atque
in aquam, abjecta tamen ambiguitate, largiter ministrando.
Videtur quoque et Aaron renovari virga, cum mare baculo
tangitur et terra propter aquam petendam rumpitur. Jhesus
quoque et Finees contemplantur omnia Moysi jussa complen-
tes, cum isti a sui non discrepant dictis magistri, excepto
quod quodam et tamen magno virginitatis privilegio magis
isti fulgeant quam illi tunc fuere.

CAPUT VIII

De fantasmatica diaboli machinatione contra virum Dei, et quomodo ab illo superatus sit.

Inter hæc autem tanta et ammiranda mirabilia, quadam nocte, dum solus in oratorio orabat, apparuit quoddam ingens teterrimum atque horrendum monstrum, maligna machinatione fictum. Erat itaque quoddam deformissimum, quasi quædam imago ferro et fuligine conficta, plumis contexta fuligineis, pedibus celerrima et alis pernicissima extensis; [**B, fol. 47 v°**] interdum centum habens oculos flammeos, nunc vero nullum, sed haut etiam raro unum in media fronte fixum, in modum clypei maximi (mirabile dictu) rotatum, et totidem linguas totidemque ora et aures confingens; nunc usque ad nubes se subrigens, nunc vero deorsum pendens cum pulvere descendens. Hæc autem ita erat hujus imaginis talis compositio ex qua constabat. Caput quasi humanum, cum cæteris membris, inerat fictum nigredini Maurorum simillimum, cujus ex ore et naribus ignis et sulphur procedebat. Oculi ejus flamminei. Omnia tamen membra ejus pilosa erant quasi capræ; pili quoque ferrei omnes inerant durissimi. Subtus quod erat collum in modum tibiæ longissimum atque gracilissimum. Pectora autem ejus et brachia macilenta erant quasi tabe confecta. Pennæ quoque alarum ejus oculatæ erant per circuitum tabe defluentes. Pedes in modum hastilium producti sed gracilissimi atque nodosi, omnisque membrorum junctura quibus jungebantur nodosa valde erat. Hoc autem primum hujus imaginationis signum notissimum erat. Deinde, in omnigena transformatione se commutabat, aut nunc bestiarum ferocissimarum, [**B, fol. 48**] aut serpentium, aut beluarum mari-

narum, ut vel metu incuteret virum Dei. Tandem vero, cum hæc horrenda nullo modo sensum servi Dei ab orationis intentione mutare cerneret, in verba sussannationis et conviciorum tam detestanda, quæ non licet christiana eloquentia pronun-
5 ciari, proruit. Hæc itaque tam prophana per totam noctem videns et audiens, sanctus denique respondit dicens :

« O demens, profane, cur hæc tam vana jactitas contra milites Christi? An te latet quod perpetua ignis æterni tormenta te manent cum sodalibus tuis? Quamvis enim modo quædam
10 gravia jam sustines, majora tamen sustinebis cum Christus apparuerit, vita et legifer noster. At nos coronati læti incedemus in conspectu Domini, cum tu, perdite pessime et perdende, ejectus et protractus, cum omnibus membris tuis debilitatus, damnandus perpetue mittaris in profundum in-
15 ferni. Recordare sententiæ, qua cum obprobio victus et sub pedibus omnium quos tu avertere nisus fueras calcandus interibis, ex ore prophetæ exprobrantis et comminantis superbiæ et nequitiæ tuæ prolatæ, hoc modo dicentis : « Detracta est ad inferos superbia tua; concidit cadaver tuum; subter te ster-
20 netur [**B, fol. 48 v°**] tinea, et operimentum tuum erunt vermes. Quomodo cecidisti de cælo, Lucifer, qui mane oriebaris? Corruisti in terram qui vulnerabas gentes, qui dicebas in corde tuo : In cælum conscendam, super astra Dei exaltabo solium meum; sedebo in monte testamenti, in lateribus Aqui-
25 lonis; ascendam super altitudinem nubium, similis ero Altissimo. Verumtamen ad infernum detraheris in profundum laci. » Et paulo post : « Omnes reges gentium universi dormierunt in gloria; vir in domo sua. Tu autem projectus es de sepulcro tuo, quasi stirps inutilis pollutus et obvolutus. Qui interfecti
30 sunt gladio et descenderunt ad fundamenta laci : quasi cadaver putridum, non habebis consortium neque cum eis in sepultura. Tu enim terram disperdidisti, tu populum occidisti; non vocabitur in æternum semen perditorum. » — Nonne

ille ipse tu es, qui modo tam sordidam et tam detestandam indutus formulam, ab omnibus bonis, ut modo video, quantum valuerint magis vitandam quam sequendam, quondam primatum habuisse legeris inter angelos; qui principum viarum Dei esse scriberis, [**B, fol. 49**] unde et ad comparationem angelorum archangelus es appellatus? Ex qua tamen fiducia cecidisti, ut sine reparatione labereris. Cujus excellentiam prelationis propheta his annunciat verbis : « Cedri non fuerunt altiores illo in paradiso Dei; abietes non adæquaverunt summitatem illius. » Omne lignum paradisi non est assimilatum illi, quoniam speciosiorem fecit eum Deus. Tunc etiam, testante Deo per Hiezechielem, signaculum similitudinis, plenus sapientia, perfectus decore, in deliciis paradisi Dei fuisti? Sed tamen, mox ut factus es, in superbiam erupisti et precipitatus de cælo es. Nam, juxta veritatis testimonium, ab initio mendax fuisti et in veritate non stetisti, quia statim ut factus es cecidisti. Fuisti quidem in veritate conditus, sed non stando confestim a veritate es lapsus, dum te per tumorem superbiæ conferendum Deo putaveras. Sed non hoc solummodo contentus quod, te Deo æqualem existimans, excecidisti, insuper etiam superiorem te dicis, testante apostolo qui ait de Antichristo : Quia adversatur et extollitur supra omne quod dicitur Deus aut colitur. »

Hæc autem statim ut audivit [**B, fol. 49 v°**] ab ore sanctissimi viri, spurcissimus recessit gravissimum relinquens fœtorem diabolus. Frater itaque Tethgonus, cujus cella oratorio inerat proxima, tantas primo inter sanctum et diabolum audiens conflictiones, deinde consurgens ut plenius eventum hujus rei edisceret, tanta hujus maligni vidit figmenta et talia hujus sancti illi pessimo convincendo didicit responsa, atque sequenter fratribus suis revelavit. Illi autem hæc audientes, magis magisque in omni opere bono accensi et magis cauti effecti, multum ædificati sunt, prestante Domino nostro Jhesu Christo, qui vivit et regnat in secula seculorum. Amen.

CAPUT IX

Item, de commemoratione quomodo a vicessimo ætatis suæ et primo vixerit anno.

Dicturis igitur de ejusdem in eodem sancto loco mirabili conversatione, libuit nobis qualiter in ætate priori vixerit esse repetendum et tamen hunc usque ad locum esse differendum, ut, si possimus, utrum vitæ ejus initia respondeant ad extrema pleniter doceamus.

A vicessimo itaque et primo ætatis suæ anno usque ad obitum suum nunquam in æcclesia visus est sedere; numquam tristitia dejectus nec læticia [**B, fol. 50**] solutus, numquam alium irridens, numquam moderationis terminum excedens agnitus est, sed neque iratus aut turbulentus. Nam cum ab infantia sua sancto Budoco devotissimum exhiberet obsequium, cujus tam verbo quam exemplo instructus factus est juvenis religiosissimus, omnem in clero, cum adhuc in tali positus erat ætate, transcendebat gratia. Nichil enim arrogantiæ, nichil superbiæ de ejus sibi moribus usurpabat, sed in omnibus affabilis et benivolus, in terra positus, cælestibus aptum se moribus ostendebat. Erat enim aspectu angelicus, sermone nitidus, opere sanctus, corpore integer, ingenio optimus, consilio magnus, fide catholicus, spe patientissimus, charitate diffusus, orationi intentus. Quinquagenos namque ter cotidie particulatim psalmos consuescebat psallere, nunc in crucis modo, nunc immobilis statura fixus, nunc fixis provolutus genibus.

Hæc breviter de priori conversatione dicta. Verum quoniam ad omnium operum ejus narrationem nec litera potest nec sermo sufficere, ad ea quæ in loco sancto arctiora gesta sunt redeamus.

CAPUT X

De vestimento ejus cylicino.

[**B, fol. 50 v°**] Ex illa ergo die qua locum suum construere cœpit, numquam indumento laneo vestitus est aut lineo, sed quibusdam caprinis induebatur pellibus. Et neque in lecto plumis vel vestibus seu etiam paleis strato jacuit, sed cum interdum brevissimo interrumperetur a somno, durissimis uti corticibus consuevit pro plumis; pro peregrinis autem tapetibus pictis, arenis cum lapillis delectabatur admixtis; pro capitalibus sericis aut byssinis velluvio intextis, duobus tantum sublevari caput suum et pedes solidari faciebat lapidibus hinc et inde suppositis. Quid plura? Quali indumento in die, tali et eodem induebatur et in nocte.

CAPUT XI

De ejus cibo.

His vero de indumento demonstratis, videamus et de victu. Panem triticeum, nisi tantum ex quo confici sacrificium solebat, non comedit, sed modico vescebatur pane ordeaceo cum cinere ammixto æquali pondere librato, excepto quod, Quadragesime tempore, cum binis aut ternis non cotidie manducando abstinebat diebus, plus de cinere ponebatur, memor illius dicentis : [**B, fol. 51**] *Quia cinerem tanquam panem manducabam* : quamvis hoc alio sensu poterat traduci ad peccatorem jam peccata sua pœnitentem, propter pœnitentiæ amaritudinem : cujus vita preterita, quæ quanto dulcior fuerat illi in peccando, tanto amarior constabat in pœnitendo, et propterea forsitan cineri amaritudo pœnitentiæ potuisset comparari : historialiter tamen, propter suæ adflictionem carnis et majoris inde a Deo spem retributionis, intelligit voluit. Pulmentum quoque ejus hoc erat : ferculum ex eadem farina predicta aut ex oleribus confectum sed nulla impinguatum pinguedine, nisi tantum modice de caseo per aquam decocto utebatur sabbato et dominico die. Eodem quoque die et paucos, propter sanctam Resurrectionem venerandam, pisciculos sumebat. Sed neque carnem alicujus quadrupedis aut etiam volucris comedendo tetigit, nec pinguedinem ex eis in omnem suscepit usum, nisi quod de lacte effici posset, et hoc tamen solum his predictis diebus.

CAPUT XII

De genere potus ejus, et de ejus monasterii arctissima conversatione usque ad annum Hludouuici piissimi imperatoris imperii quintum.

[**B, fol. 51 v°**] Poculum quoque cum amaritudine, secundum eundem prophetam sumebat dicentem : *Et poculum meum cum fletu miscebam.* Quando enim quis ex recordatione delicti sui perfecte compungitur, illud iniquum quod delectabiliter gessit flebiliter plangit, et hoc est miscere cum fletu poculum. Hujus autem commatis et secundum historiam et secundum etiam interiorem sensum prudentissimus rimator, nullum omnino liquorem uvæ neque mellis sed neque lactis neque cervisæ sumpsit. Potus autem ejus tantum talis erat qualis ex aqua et arborum succis malorumve agrestium sive silvestrium condiri posset. Tali igitur tam ille quam sui potationis genere contenti reficiebantur. Vinum omnino, nisi quod tantum in sacrosancto calice Domini solebat consecrari, pœnitendi causa nesciebant. Unde ergo isti tales liquores audiri in monasterio sancti Uuinualoei nec tamen unquam videri vel degustari potuerunt. Talis autem ars unicuique [**B, fol. 52**] eorum dabatur ut ex opere manuum cotidiano, sicut Ægyptii monachi, se posset in victu necessario contineri. Nam non solum monachorum, sed etiam heremitarum currebant per semitam.

Et hæc quidem lex sive regula per tempora longa refulsit in isto monasterio, id est, ab illo tempore quo Gradlonus, quem appellant Magnum, Britanniæ tenebat sceptrum usque ad annum Hlodouuici piissimi Augusti imperii quintum, Dominicæ autem Incarnationis octingentesimum octavum decimum. At tum, cum jam ab infirmioribus quibusque refugi, propter difficultatem videlicet, videbatur : quippe quibus nec etiam cum tantis difficultatibus predictis sufficiens prebebatur indumentum, id est, nisi aut una tantum tunica cum melote et pedum indumento tam in die quam in nocte contenti forent, atque palliolo, si tamen proficiscendi necessitas urgeret, addito : contigit ut idem serenissimus imperator predictus, dum in eadem istius Britanniæ provincia castra fixerat super fluvium Elegium, juxta silvam quæ dicitur Brisiaci, hæc manu propria dirigeret mandata, isto dicente modo.

CAPUT XIII

De precepto ejusdem imperatoris.

[**B, fol. 52 v°**] In nomine Dei et Salvatoris nostri Jhesu Christi Hludouuicus, divina ordinante providentia imperator Augustus, omnibus episcopis et universo ordini

æcclesiastico Britanniæ consistenti notum sit quia, dum
Matmonocus abba ex monasterio Landeuinnoch nostram adisset presentiam, et illum sive de conversatione monachorum illarum partium monasteriis consistentium sive de tonsione interrogassemus et ad liquidum nobis qualiter hæc
forent patefecisset, cognoscentes quomodo ab Scotis sive de
conversatione sive de tonsione capitum accepissent, dum ordo
totius sanctæ apostolicæ atque Romane Æcclesiæ aliter se
habere dinoscitur, placuit nobis ut sive de vita, seu etiam de
tonsura, cum universali Æcclesia, Deo dispensante nobis
commissa, concordarent. Et ideo jussimus ut et juxta regulam sancti Benedicti patris viverent, quæ possibilis et laude
digna est, et de tonsura capitis juxta taxatum modum cum
sanctæ Romanæ Æcclesiæ, quæ per orbem terrarum dilatata est, concordent unitate : et eundem vivendi morem,
[**B, fol. 53**] juxta quod in sancti atque eximii patris Benedicti regula scriptum est, in hoc monasterio prædicto teneant,
et in subjectis ejus cæterisque nostrum plenissimum jussum
exequi valuerint. Hæc piissimi Hludouuici imperatoris precepta de manu ejus roborata.

SIGNUM [*Monogramme de*] LODUUICI
SERENISSIMI [*Louis le Débonnaire.*] IMPERATORIS.

Hæc, eodem anno predicto, cœpta est in eodem monasterio
suprascripto regula patris Benedicti.

CAPUT XIV

De psalmodia ejusdem sancti, et quod non jam homo tantum corporeus, propter excellentiam virtutis, a multis putabatur, sed angelus.

Sed et hoc ejusdem sancti frequentissime opus fuisse narratur. Cum ceterorum turba in opere quovis partiebatur, ille solus frequenter orationi deditus occupabatur, aut cum jejunio mirabiliter extenso aut in psallendo nunc pedibus fixis, nunc genibus flexis, modo manibus expansis. Sed et in fine uniuscujusque psalterii, centena per singulos dies genuflexa faciebat et totidem per easdem noctes. Mundi despector, cæli amator, non jam homo corporeus cernebatur sed angelicus. Deum semper non corporeis sed spiritalibus oculis videre desiderabat, [**B, fol. 53 v°**] atque, secundum apostolum, dissolvi et esse jam cum Christo cupiebat, atque tamen gregem supportandum non recusabat spemque suam in omni negotio Christo committebat. Nunquam ejus os a spiritalibus ociosum visum est vel vacuum. Multi igitur ad illum cæci, surdi atque leprosi, claudi, paralytici atque demoniaci, et omnia infirmitatum, debilitatum genera deferebantur. Sed omnes, spe sua non frustrati, redibant ab illo curati. Jam per omnem Britanniæ regionem longe lateque celebrabatur nomen ejus cum meritis, cujus vultum tanquam angeli splendentem ita cuncti nitebantur contemplari. Et jam non monachus appellabatur, sed angelus inter homines conversatus.

Hec autem VII capitula quæ sequuntur per heroïcum metrum sunt composita.

CAPUT XV

De humili Gradloni, Cornubiensium regis, apud eundem et familiari allocutione.

    Interea ad regem volitabat fama Gradlonum,
Celsi qui summa tenuisset culmina sceptri
Occiduæ partis, moderator Cornubiorum :
Magnum cui suberat protracto limite regnum,
5 Normannumque gazis, redimitus tempora mitra,
Detractis fulget, cunctisque potentior, ipsa
[**B, fol. 54**] Barbara prostrate gentis post bella inimicæ.
Jam tunc, quinque ducum truncato vertice, cyulis
Cum totidem, claret centenis victor in armis.
10 Testis et ipse Liger fluvius est, cujus in albis
Acta acriter fuerant tunc ripis prœlia tanta.
Ergo dehin cupidus, sanctum conductus amore
Visendi, graditur pavidus, at pronus adorat
Talia commemorans : « Quænam te munera placant?
15 Copia nam superest mihi rerum et magna potestas,
Terrarum spatia cum gazis auri atque argenti,
Commoda et innumeris cum donis plurima vestis.
Et tibi tradita quæ fuerint intacta manebunt,
Nullaque mutari poterunt commertia, fixis
20 In cælum positis ceu donis omne per ævum. »

CAPUT XVI

*De ejusdem ad regem prudentissima responsione et
pulcherrima predicatione.*

Erecto sancti per dextram corpore sacram,
Sanctus ad hæc hylari vultu profatur ob ore :
« Mene tuis, o rex, voluisti fallere donis?
Et quid enim, tantis si colligar, optime, vanis,
Tanta cave vallis peterem sinuosa cavernis   5
Hec loca deserti? Satius mansisse paternis
Nonne per arva fuit quam victum quærere regnis
Scissa uncis tenuem, reflexo corpore, vangis?
Largifluis opibus si flecti posco caducis,
Perpetuis adimi qui curam ponat in illis   10
(Haut dubium) poterit. Nam qui super astra volare
Nititur, has temptet mordaces pellere gazas.
[**B, fol. 54 v°**] Ast ego sanctorum nitidis de cælicolarum
Me satiari epulis sitiens cupio omnibus horis.
Pelliculis capræ aspris cernis ut induor, atque 15
Vilibus et modicis utor contentus ab æscis.
At tu, parve miser, alieni fervidus auri,
In sericis ostrisque tuis gemmisque nitescis,
Magnificisque tuis replentur viscera cænis.
Vermibus apta tumet tetris caro læta saginis,   20
Et tibiæ cytharæque, lyræ cum murmure, plectra,
Tympana per vestras plaudunt stridoribus ædes.
Dic ubi sunt reges alta olim ex arce tumentes?
Hinc inopes, rerumque potentes, dic ubi nunc sunt?
Dic comptus cultu fulsit qui clarus in amplo,   25
Innumeris septus cuneis, aut dic ubi nunc sit?

Omnia quæ genüit tellus tam vilia, nonne
Æque premit duro male fortia dente tenaci?
Desine vana sequi, quæ nec te munere dotent.
[**Ms. A, fol. 89**] Quæ te munificum faciant, hæc perfice
5 Pravis si te trahis, acta beata sequentur.   [semper :
 « Omnia quæ radiis splendent sub lumine solis,
Umbra velut tenuis, veloci fine recedunt.
Verum ego, qui pulchris redimiri spero coronis,
Ditior en adsum quam tu nunc esse putaris.
10 Nam michi Christus adest pro mundo, summa potestas,
In quo mundus inest, nec ab illo clauditur ipse.
Parva tenes sceptri, quamvis amplissima mundi,
Si Christi regnum conquirere spreveris almum.
Precaveas felix, rogo, ne, dum scandere possis,
15 Neglectum ducas quod te quandoque bearit.
Nam, quamvis auro claro gemmisque nitescas,
Nulla et te miseri si fratris flectat egestas,
Decedente tamen vita per inania lapsa,
Pauper et exiguus miseras properabis ad umbras.
20 Multis divitiæ nocuerunt non bene tractæ ;
Multi, propter opes, inierunt multa pericla.
[**Fol. 89 v°**] Si tibi divitias cumulando semper abundes,
Inferni tetras enutris ipse latebras.
Sin iterum cæli transmittere doctus ad aulas
25 Disponas, clare tibi regna beata patebunt. »

CAPUT XVII

Item de ipsius regis subjectione.

Ille dehin pavido sic inchoat ore : « Benignus,
O Christi dilecte Dei, per cuncta parabor

Hæc mandata tua jussus servire Tonanti. »
Sicque Dei famuli monito mitissimus actus,
Culmina hinc solii recto cum jure tenebat,
Donec, fluctivagi contempnens lubrica mundi,
Pergit ad æthereum magno cum munere sceptrum. 5

CAPUT XVIII

Item, de dono regis preparvo pro magnis ingestis, Rioco presbitero et monacho sancto rogante, tandem suscepto.

Hic vir erat sanctus magna virtute Riocus,
Hujus in obsequiis delatus sponte benignus,
Presbiter ægregius, monachi cum nomine clarus.
[**Fol. 90**] At cum cuncta videret dona repellier, inquit :
« O dilecte michi sancteque magister, hoc oro, 10
Rura mei tantum accipias possessa parentis. »
Is hujus precibus, pro magno munere, victus,
Accepit nolens primo quod ponere jussit.
Hæc tribuente capit gratulanti rura Gradlono,
Splendida qui cunctæ patuit patriæ ipse lucerna, 15
Per Dominum Christum qui secula cuncta gubernat.

CAPUT XIX

De altitudine et nobilitate Cornubiæ.

Quam bene candelis splendebant culmina ternis
Cornubiæ, proceres cum terni celsa tenebant!
Rura vel ima regens, Gradlonus jura teneret
Cum doctus terrena; nitentem porgeret haustum 20
Ac populo sitienti Courentinus, in almo

Ordine, cum sacro præfulgens corpore Christi :
Summus qui dici meruit speculator ab actis,
Vitam qui summo portavit cum speculatu
[**Fol. 90 v°**] Arctam heremi, nisi cum quæstus moveatur
5 Æcclesiarum : ob hoc intentus, cito discutiebat   [abortus
Orta, sed innumeros stabilita in pace sedabat;
Ille dehin remeans eadem quoque quæ ante gerebat :
Domnus et innumeris cùm Uuingualoeus in actis
Præ cunctis fulsit, heremitarum bene factus
10 Abbas, excelso virtutum culmine clarus.
Ante tamen dictum jam scanderat ipse sacratum
Regmina tanta locum dicti quam ambo tenerent.
Jamque tamen ternos precesserat ordine sanctus
Eximius istos Tutgualus nomine, clarus
15 Cum meritis monachus, multorum exemplar habendus :
Cujuscumque sinu caperet cùm vestibus ignem,
Non tetigit flamma sed leni rore madescit.
Sed cum cælitibus vitam tum forte gerebat,
Cùm ternis patria munitur fulta columnis,
20 Quarta tamen, vivens, quo corpore vixerat ipse
[**Fol. 91**] Cum Christo vivit, quia non minus esse putatur.
Ast igitur fulchris tunc eminet alta quaternis
Cornubiæ patria, rerum quoque copia plena,
Pulchro compta quasi ornata cùm sponsa decore
25 Egreditur thalamo, sponso veniente superbo.

CAPUT XX

Item, de ejusdem subjectione.

At nunc pressa jacet, heroum orbata potentum
Cede, gemens, victa, externo sub fasce reflexa,

Armorum nitidis modo spoliata triumphis,
Quæ fuerat læta convivia non moderata.
Pompa superba fuit : Ninivæ quod forte minatur
Erectæ vates venturum prescius, actum est
Impletumque in ea, improperans : *Ubi tecta leonum*
Et catulorum pascua dirum læta leonum?
Anne ejus fuerant tunc fortes more leones,
Qui mundi partes rapiebant forte per amplas
Prædam, tam sevi quam sanguinis atque cruoris
Semper avari? Læta leonum hic pascua sepe
[Fol. 91 v°] Fœtus reppererant. Pulchra quia forma ju-
Omnis huic comptæ, cum fortis vellet haberi   [ventæ,
Aut doctus, pariter currebat; sed modo nemo,
Qui prædam cupiat nisi : sed quasi morte sepulta est.
Nullus jamque potens violentus agone remansit,
Prædam diriperet qui; sed compressa redacta est.
 Tantis ergo malis dicam tibi pinguia pressæ :
Sunt ubi dirorum rictum esseda celsa leonum,
Atque catellorum quoque pascua læta leonum?
Nempe tibi venit Iudeæ quod stetit aptum,
Vate per afflatum dicente perenniter almum :
Calvitium fac dilatatum more aquilarum.
Calvitium quippe hominis in vertice solo
Esse solet; totum per corpus apertum haberi
Ast aquilæ, veteres membris quia de omnibus plummæ
Labuntur cùm valde senescit. Calvitium ergo
Ceu aquilæ, plumas quia late perdidit amplas,
Dilatat populum quæ ammiserat ipsa ferocem.
[Fol. 92] Nam cecidere quidem magnarum pennæ aquila-
Cum quibus ista volare sueverat alta rapinæ.   [rum,
Omnis enim pugnax et belli ductor habendus
Concessere extincti, per quos prœlia vicit

Externasque neces, cùm victrix alta sederet,
Prædam partita cesorum et partem inimicûm.

CAPUT XXI

Item, de futura ejusdem reparatione.

Hæc est Cornubia, magnorum magna parentum
Mater et ægregia virtutum laude potentum
5 Et mundi pugnatorum et cælos habitantum.
Quæ, quamvisque modo jacuit suppressa sub armis,
Robustis nitens valide consurgere natis
Mox tamen incipiet, faciat si condita justa.
Sin aliter, suppressa diu et conflicta jacebit.

CAPUT XXII

De Rioci sancti predicti suscitatione matris.

10 His ergo ita compositis, nuntiatum est Rioco matrem suam
ægrotasse, ad quam dimitti visitandum [**Fol. 92 v°**] flagitabat, sed verba Magistri obiciebant dicentis mortuos dimitti
debere sepelire mortuos suos. Dum vero anxiatus erga matris
suæ infirmitatem multum relaxari se deprecando videbatur,
15 tandem proficiscendi accepit licentiam. Sanctus autem sciebat
illam jam esse mortuam, divina providentia demonstrante.
Ille denique concitus, uno quodam puero comite contentus,
accepta a magistro aqua benedicta, iter acturus perrexit.

Et cum ad locum in quo mortua jacebat advenisset, omnes
20 qui erant circa eam tumultuantes ejecit foras, increpans ac

dicens : « Recedite; cur stulte agitis? nichil enim proficitis. » Putabat animam ejus adhuc intra membra contineri, [**Fol. 93**] et aspersa super cadaver jam gelidum aqua sanctificata : « Dominus, inquit, Jhesus Christus, in cujus nomine magister meus plurimas jam fecit virtutes, ipse te sanare dignetur. » Illi autem qui foris stabant deridebant eum, quia sciebant eam jam fuisse mortuam priusquam ille advenisset. At illa, quasi de somno excitata, cito surrexit, et super lectum suum residens sudorem suum tergebat, quasi de quodam non levi labore revertens. Illi vero qui prius illum deriserant ceciderunt proni in terram ante pedes ejus, Dominum glorificantes atque dicentes : « Vere proximus Deo est, cujus per invocationem discipulus hoc maximum, licet illo absente, potuit facere signum. »

Illa deinde interrogata ad quæ loca vel a quibus [**Fol. 93 v°**] se duci vidisset, hoc modo dicebat : « Videbam circa me, extremum priusquam anelitum amitterem, quosdam homunculos in modum carbonum gelidorum nigerrimos, ad devorandum me paratos et, cum devorarent, in vinculis iterum ligaturos, multa tormenta promittentes. Quod statim sic secutus est eventus; nam cito ut e corpore elapsa atque non leniter rapta fuerim, tetri cunei circumdederunt me et pedes meos cum manibus circumligantes, per aspera ad alia trahebant me multum, ut dicebant, asperiora loca. At, cum quidem exultantes me per immania vellent miserabilem trahere tormenta, sanctus obviavit Uuinualoeus, terribiliter personans ac dicens : « Dimittite hanc [**Fol. 94**] michi. Ut quid enim tam audacter hoc scelus in meam perpetrare temptastis famulam? » Illi consternati atque stupefacti repugnare volentes, sed tamen, divino terrente imperio, non audentes, tandem huic viro Dei reliquerunt et ab hostibus liberatam in hoc me voluit, Deo propitiante, recollocari corpusculo. »

Exinde magis magisque jam non monachum sed angelum

vocitabant Uuinualoeum. Illa vero reversa totum in omni opere bono fructificans mutavit studium suum.

CAPUT XXIII

De latronum rapina et miserabili eos pœna insecuta.

Sed et quidam vir eo tempore fuerat nomine Catmaglus, cui filii tres maligni rei alienæ [**Fol. 94 v°**] raptores, et quod manifeste auferre nequibant clam per furtum tollebant. Isti ergo pecunias et thesauros universæ regionis illic esse apud predictum sanctum depositos arbitrantes, consilio inito, sancti loci, nocte cæca, navigio invaserunt septum. Cumque introgressi fuissent, horreum reppererunt apertum atque ordeum in medio positum. Introeuntibus autem illis, apparuit eis lux splendidissima quasi lux solis. Propter hoc multum confortati dixerunt intra se : « Si Deo displiceret hoc quod agimus, non tanta lux nobis data fuisset, nec ostium istius domus quod invenimus clausum, seris minutissimis firmatum, ultro se aperiret. Ecce quales tenebras per totam noctem [**Fol. 95**] sustinuimus quoadusque huc venerimus, at modo splendidissima nobis lux amministrat. Eia agite, si nichil preterea invenimus, saltem de clerici hujus ordeo etiam sacculos impleamus nostros; non enim nos condecet reverti vacuos. »

Hora autem erat quasi noctis media. Dum vero hæc ita agebantur, hujus rei non nescius in basilica cum suis nocturnabat Uuinualoeus. Cumque nocturnas debite percelebrassent vigilias, fratribus una congregatis, hoc modo interrumpit silentium dicens : « Videte, fratres, utrumne recte agitur erga res monasterii. » Et manu rursum silentium indicans ait : « Nolite metuere, nolite conturbari. Quidam enim, arbitrati pecunias [se] repperturos [**Fol. 95 v°**] multas, invaserunt horreum vestrum, et nunc masurpia eorum, ne vacui redeant, farcire disponunt. Sed tamen sinite illos. Potens est enim Deus et illorum converti corda, ut non minus cælestem cupiant thesaurum furari quam terrenum. Nam si quidem his non indigerent, forsan rem tam detestabilem nequaquam facerent. » Nichil plura locutus omnes jubet orare.

Egredientibus autem illis de monasterio graviter oneratis, utrum hæc, sicut dixerant, Deo displicerent, innotuit. Nam primus eorum, superbe sub onere incedens, protinus in terram prostratus est, coxaque ejus perfracta et comminuta, miser depressus onere jacebat. Alter vero subsequens, fixis in terram pedibus, nullo modo hinc vel inde moveri se [**Fol. 96**] valens, quasi lignum plantatus æquanimiter, licet invitus, stabat. Tercius autem non longe ab his distans, densa perculsus cæcitate, huc atque illuc discurrendo ante portam monasterii errabat per littora vagabundus. Sed et quartus, qui in scapha custodienda spectaverat, quasi insaniendo cum stridore magno frustra in remigio gestiens, sine intermissione clamabat dicens : « Venite, furtiferi! venite, pestiferi! quid morati estis, malefidi! Nichil in sortibus sanum nichilque prevalidum, nichil nisi stultum! Thesauri magni sunt quibus onerati estis; vos portatis onera, ego dividam spolia. Quid enim? numquid nam credibile vobis visum est majorem vos accepturos sortem? Mene igitur ad ista ideo provocastis litora, ut istic irritaretis? [**Fol. 96 v°**] Non est sanum in viros qui nullo michi etiam dignantur respondere verbo. » Illi autem maximum et triste, urgente metu et dolore, tenebant silentium.

CAPUT XXIV

Item, in eosdem de ejusdem sancti miseratione et eorumdem mirabili conversione.

His igitur ita gestis, post primam celebratam horam, omnia quæ his viris in ista nocte acciderant vir Dei narrabat fratribus. Illis vero Deo gratias agentibus, non solum propter viros prostratos, verum etiam pro gloria Dei in servo suo manifestata : « Nolite, inquit, in casum inimicorum vestrorum gratulari, neque gloriam ab invicem sed quæ a Deo est quæratis; scriptum quippe est : « Qui gloriatur in Domino glorietur. » Quin etiam Domini mandatum [**Fol. 97**] voluntarie implere debemus. » Illi autem ad hæc respondentes, dixerunt : « Domine, de quo commendas? » Ille dein : « Non de uno tantum sed de omnibus, prout virtus ministrare poterit. » Tunc illi aiunt : « Felix qui etiam pauca colligere valuerit. » At ille : « Verum est, inquit, sed qui ad arcem perfectionis tetenderit, necesse est ut, a minimis per ordinem gradatim consurgens, ad altiora quæque maxima, his quoque non neglectis, tendere cupiat, ut, etsi non cuncta, saltem pauca valeat comprehendere. Quia igitur dixi mandatum Domini nos oportere implere, tempus, ut estimo, est, fratres, in necessitate constrictos visitandi. Scriptum namque est : « Infirmus fui et visitastis me, in carcere et venistis [**Fol 97 v°**] ad me. » Isti ergo, quia infirmi valde, sunt propter mandatum visitandi; et quia omnino moveri se non possunt de loco in quo stant, quid nisi quasi in carcere positi sunt? Et tamen, propter misericordiam, solvendi. »

Huic autem fratres : « Numquid, inquiunt, hi qui divina ultione perculsi sunt, humano juvamine relevandi? »

At ille : « Nonne, inquit, Deus precepit fratri in tribulatione posito mox esse subveniendum dicens : « Subvenite obpresso, » et alibi : « Ego percutiam et ego sanabo et non est qui de manu mea possit eruere. » Si igitur ille percutit et sanat, si decreverit, continuo liberabuntur. Si autem precibus non adquieverit, quia nemo potest eruere de manu ejus, sententia manebit immutata. Hoc autem firme teneamus, quia nequaquam Deus, si recta [**Fol. 98**] petantur, vetuit deprecari, sed precepit dicens : « Petite et dabitur vobis. » Illi vero aiunt : « Magister, non te ergo moveat quia dixisti, *si recta petantur*, Deum orare non vetuisse. Numquid nam rectum est pro sceleratis delinquentibus orare, in peccato suo a Deo solo damnatis? » Ille ad hæc : « Dum adhuc vita comes fuerit carnis, licet pro omni delinquenti orare. Attamen, cum vita finiatur cum malis, dicit apostolus : « Non dico ut quis roget pro illo. » Hoc autem rectum videtur orare pro istis sola hac de causa quia dicit Scriptura : « Misericordiam volo plus quam sacrificium, » et iterum : « Diligite inimicos vestros et benefacite his qui oderunt vos; » et alibi : « Orate pro persequentibus et calumniantibus vos, » quia etsi illi pro quibus petitur nullum mererentur assequi [**Fol. 98 v°**] petitionis effectum, vos tamen Domini mandatum voluntarie adimplentes, obedientiæ vestræ atque patientiæ obtinebitis retributum. »

At illi : « Duc age, inquiunt, quo tu vis et quomodo vis. Impera quæ vis dura quælibet vel ardua, quæ tamen in nostra potestate sint, per quæ nos perventuros esse ad id quod diu per patientiam speramus non dubitemus. Nam te, sicuti fas est, quocumque ieris sequemur. » At ille : « Festinemus ergo, ait, ad miseros, nam pene consumpti in dolore et cordis angustia sunt. » Facta tamen in primis sollemniter oratione, perrexerunt.

At cum sanctus Uuinualoeus et sancta simul secum congre-

gatio, antequam accederet ad illos, apparuisset, quantus, Jhesu bone! miserorum in pœna sistentium corda dolor cum trepidatione [**Fol. 99**] tenebat! Putabant enim vel ad mortem vel ad vindictam pœnalem citius se esse trahendos.
5 Attamen, ubi ad illos ventum erat, causam atque ordinem hujus periculi, quasi inscius, coram discipulis suis sanctus sciscitabatur. At illi, nichil reticere queuntes, quam ob causam venissent et quomodo illis accidisset, sicut ipse prius discipulis revelaverat, recolebant. Ex tunc etiam ab ore mul-
10 torum propheta appellatus est, cui, Deo revelante, nulla poterant secretorum archana abscondi.

Et adhuc locutus est dicens : « Cur tam stulte egistis? Nonne enim magis condecuerat ex fratrum labore aliquid cum hylaritate postulare, et ex permissione quantum sufficere
15 posset suscipere, quam in Dei famulos fraudem [**Fol. 99 v°**] illicitam perpetrare, dum per apostolum dicitur : « Nolite fraudem facere inter vos, neque in ullo negocio circumveniat aliquis fratrem suum. Nonne etenim, cum nostra voluistis tollere, aptum erat ut et vestra perderetis? quia circumeundo
20 circumvenistis septum nostrum, et quod per oportunitatem poscere et sumere poteratis, per furtum delectabilius visum vobis fuit rapere, dum sacra lex prohibet dicendo : « Non furtum facies, neque rem proximi tui concupiscas. » Sed tamen hoc omnino non est mirum, quia, suadente diabolo,
25 omne peccatum, dum desideranter agitur, delectat; attamen, cum puniri incipit, jam amarescit. Idcirco hæc venit super vos tribulatio, quia spernendo mendatum Dei contempsistis. Sed et nunc etiam, hac [**Fol. 100**] vice, ipse qui vos ligavit Jhesus Christus Dominus noster ab hac plaga liberet! »
30 Hæc autem ita eo rogante, confestim ab omni corporali plaga soluti sunt, et adjecit dicens : « Videte ne ultra hæc faciatis; tollite hinc vobiscum onera vestra, et quoties necesse fuerit petite a nobis, et nos incunctanter, Deo prestante, tri-

buemus. Et nolite propter transitorias res et caducas animas vestras perdere. » At illi mirum in modum conversi et ex lupis agni statim effecti : « Numquam a te, inquiunt, poterimus separari, sed tuis perpetim obsequemur imperiis. Quippe, qui carnem a plaga potuisti sanare corporali, cura quoque et de animarum vulneribus medendarum. »

CAPUT XXV

Item de ejusdem virtutis expositione.

[**Fol. 100 v°**] Mirandum valde hoc est quia qui membro debilitato claudicaverat, et mundo quoque claudicavit, et quanto expeditior fuerat in peccando, tanto excellentior factus soli Deo liberius vacare meruit in opere optimo. Qui autem cæcitate perculsus est, cæcatus est et mundo, quia quamdiu in peccatis moratus lubrica mundi contemplari et concupiscere habilis et facilis fuerat, tamdiu a mundi concupiscentia cæcatus, id est separatus, divinitus illuminatus, cælesti succensus amore, spiritalia desideravit contemplari. At qui quasi arbor in terram plantata fixus manebat, fixus est et ipse mundo, quia, sicut manens in operibus pessimis diu steterat in mundo, [**Fol. 101**] ita, versa in melius vice, huic mundo resistendo assistere meruit in conversione optima Christo, per quem, sicut ait apostolus, « crucifixus illi erat mundus et ille mundo. » Quia quicumque recesserit a mundo, id est, ab operibus quæ hujus mundi amatoribus placita sunt, necesse est cito ut et mundus cum amatoribus suis illum derelinquat, illum spernat, illum odio habeat. Et quanto huic resisterit, tanto et ille arma sua miscens venenosa, id est, primo invidiæ formite nato, detractionis blasfemiæque aspergens in occulto semina, deinde in aperto quasi examen pessimum evomens inde subsequentia male acta vel usque ad homicidium perducta, repugnando resistit. Sed tamen hæc a perfectioribus [**Fol. 101 v°**] quibusque quasi levia, Deo propiciante, vincuntur, et per hæc ascensuri in cælum, quasi aurum per ignem fornacis, probati sublimes efficiuntur.

Ecce, fratres karissimi, quale est hoc commercium! Illi namque furari venerant et propter inmensa onera damnabiles repperiuntur; et non solum vindictæ non traduntur sed etiam dona restituuntur, et quæ illicite fuerant rapta licite donantur, sed tamen non absque aliqua correptione : ne, si incorrepti sinerentur, securi atque neglegentes tantum ulterius incurrerent malum. Quia pii patris atque periti non est moris incorreptum quemque filiorum cùm deliquerit dimitti, ne deterius agat, sicut nec in totum, quamvis deliquerit, perdi, ne penitus disperatus pereat. [**Fol. 102**] Sed nec pii pastoris est gregem diutissime intonsum laxari, sicut nec iterum ejus est omni tempore deglobare sed oportuno, ne frigore consumptus pereat. Quando enim fures venerant, propter pessimum criminum fœtorem hirci dicendi erant. Quando vero nunc non solum corporum mederi sed etiam animarum vulnera poscunt, propter novæ conversionis fervorem et propter post conversionem Christo tam simplicem conversationem, columbæ appellandi fuerunt.

Columbas enim phisiologi scribunt ferventissimum in amplexibus habere desiderium : sic et qui Christo convertitur convenit totum in amore ejus amplectendo converti desiderium suum. Simplicitatem vero illas habere quis nesciat legens Evangelium? Quam [**Fol. 102 v°**] etiam omni converso aptum est tenere, id est morum rectitudinem, ne aut ad dexteram declinet neque ad sinistram. Hinc quidam poetarum dixit :

Non læta extollant animum, non tristia frangant.

Per dexteram quippe prospera, per sinistram designantur adversa. Agni vero sunt propter innocentiam, oves quoque propter mansuetudinem.

Hæc autem promissa in sancto monasterio, a sancto et vero medico nequaquam repulsi sed cum magno desiderio advocati, tamdiu servaverunt devoti quamdiu, evolutis vitæ hujus curriculis admodum multis, ad vitam meruerunt conscendere perpetuam.

CAPUT XXVI

Quod nemo in eodem loco poterat mori, et de ejusdem loci senum rogatu motione, et de angelica et allegorica allocutione.

[**Fol. 103**] Sed tamen hoc, ne umquam oblivioni tradatur, quod nemo in predicto loco potuit mori, sed senectute gravari (mors enim nequaquam illuc intrare permittebatur, senectus autem ætate succedente vetari non valebat), libet in hoc interserere loco. Quamvis enim non multum distat ille locus ab eo in quo nunc ossa ejus cum sociis pausant, et pene idem sint sed quasi intervallo lapidis jecti posito disjuncti, atque in unum modo circumsepti sint, mutari tamen necesse fuit. Fratres enim longævi, longo pergravati senio, dissolvi isto gravi corpore jam cupientes et laborum suorum sibi reddere premia poscentes, et quid agere deberent propter ingravescentem et decrepitam [**Fol. 103 v°**] ætatem jam nescientes, coegerunt illum transferre paululum loci hujus ædificia et suppellectilem secum portare contra solis ortum, et ibi deinde citra litus figi. Qui ibidem locus, Deo agente, nobilior factus est alio jam dicto. Nam a superioris fontis rivuli superfundentis haustu irriguus, et a quodam lucidissimi fontis bucliamine gemmatus ex profundo terræ noviter erupto,

cum leni murmure decurrentium, suavissimum fessis post
laborem suadentium soporem, amœnissimus, cum humiditate
moderate siccus et cum siccitate humidus demonstratur atque
bene, ut ita dictum est, compositus.

5 In altero siquidem loco vivere semper, non mori posse
putabant. Multoties enim a sanctissimis viris referentibus
[**Fol. 104**] auditum est eosdem audisse apud predecessores
suos vidisse qui verissime vidissent et dixissent apertum esse
tantum cæli spatium supra illum locum in cælo quantum
10 terræ occuparat, et angelica illic, sancto Uuinualoeo demonstrante, visione fruitos fuisse ascendentium et descendentium,
in similitudine visionis Jacob patriarchæ. Et ob hoc ideo ibi
putabant non posse corpore dissolvi, ubi stabilem et insolu-
bilem erecti animo vidissent vitam. Sed et hic locus hujus
15 quoque muneris non expers factus est. Multi enim hic, sive
in tempore hujus sive etiam post abscessum sanctissimi viri
e corpore, agmina viderunt angelica sive audierunt dulciter
decantantia. Et nunc etiam usque non desunt qui multa in hoc
loco viderunt et audierunt prodigia et mirabilia, [**Fol. 104 v°**]
20 per angelicas et sanctorum simul operationes facta, et quædam
visum et auditum demulcentia, et quædam quidem ultra humanum ausum horrenda.

Non multo ergo tempore preterfluente et loco noviter in-
structo, dum quadam nocte post completorium solus in
25 oratorio pernoctabat, persistens intentissime orationi ante
altare, adstantem sibi vidit angelum Domini splendidissimum,
cujus fulgor lucebat ut sol, ex cujus splendore et odore totus
sufficeret mundus quasi pro sole illuminari et quasi pro miro
unguento atque excellentissimo odorari, aperte demonstrans
30 quam spetiosam et preciosam esse illam regionem de qua
egrediebatur et ad quam quos invitaret ducturus esset, atque
sic lætissimo et lenissimo vultu [**Fol. 105**] apparens clara
voce dixit : « Sante Dei Uuinualoee Christo dilectissime, vi-

gilas? » At ille quasi amicus ad amicum suum, notissima voce sibi emissa, humillima ait responsione : « Audio Domine. » Angelus ad hæc : « Maturæ segetis et bonæ frugis quam seminasti tempus instat colligendæ. At pauca grana et tamen maturiora, quasi primitiæ novæ boni seminis, modo accipientur; jam enim flavescere incipiunt; et quædam jam parata, post multa ventorum aquilonalium frigora et duræ æstatis caumata purgata et post magnum triturandi laborem, recipienda repperiuntur. Multum Aquilo nocet seminibus; sed numquam agricola habere de segetibus securitatem debet, donec a zysaniis separatas [**Fol. 105 v°**] et a ventorum uredine purgatas in unam congregaverit messor aream. At tunc, cùm hyemps asperrima quibusque improvidis repente ingruerit quando nemo poterit operari, dum gelu et frigore detenti nequiverint operari et panis inopia consumpti fuerint, tunc cum amicis suis epulabitur splendidus. At sator Dominus agricolæ precipit ut unum modo, sed maturissimum, ab agricola recipiatur granum, et exinde taliter hoc granum sequentur cetera. »

Hoc audiens sanctus Uuinualoeus suppliciter exorat ne, si adhuc grano aliqua nocet rubigo, tollatur donec cuncta, sale cum aqua mixta, abstergatur macula, ne inimicus hominis, qui numquam nocere desiit huic segeti, videndo aliquid infectum insultet. Angelus ad hæc : « Michi crede quia, nisi pregustando previderim, [**Fol. 106**] nequaquam tollerem vel meterem. » Sanctus etiam : « Ut tua voluntas sic mea fiat. » Rursus angelus inquit : « Sic enim condecet, [quia jam convivii cælestis consors es. » His dictis, facta Deo in commune gratiarum actione, per auras longis tractibus post tergum relictis quasi solis radiis, ad locum de quo venerat sancto videndus Uuinualoco constanter ascendit, tantam ei regionem fulgidam ostendens, ad quam quandoque suos sequeretur, et sui eum qui remanerent, qui ejus jussioni deservirent, incunctanter sequerentur.

Sic denique factum est ut a grandævis senioribus, postquam hæc retulisset fratribus suis, unus assumeretur, et cæteri in hunc modum sequerentur, ita ut unusquisque sicut ætate precelleret sic et assumptione electa gauderet, nec minor ætate majorem transcenderet. Et hic ordo tamdiu est in eodem [Fol. 106 v°] monasterio servatus quousque, non longe adhuc ante hoc tempus, permutatus est. Sed michi videtur ideo mutatum fuisse, ne aliquibus neglegentibus adhuc in minori ætate positis, si forte fieri posset, aliqua desidia vel otiosa securitas inde masceretur : verbi gratia, ut qui modo duodennis esset vel ultra, cum centennes vel citra adhuc vivere istic cerneret, non curaret de vita vel de morte sua, cum procul dubio sciret [se] nequaquam moriturum donec illi novissimo per ordinem ventum foret, omnibus senioribus anteceptis.

Divina ergo providentia disponente, quæ dicit semper esse vigilandum quia incertus et inprovisus est nobis noster exitus, hoc permutari licuit, quia si hoc fixum semper permaneret, vel ex hoc solo subverti potuisset hoc monasterium. [Fol. 107] Aliud enim aliquis tempus voluptati atque aliud pœnitentiæ coaptaret. Nunc ergo, cum tam juvenis vel adolescens sive puer aut etiam omnis ætas securitatem de vita tam longa, sicut antiqui, non habere dinoscitur, omnes se certatim ad laborem excitent; omnes jam regnum cæleste desiderent videre; et quod senes magni tamdiu differri flebant, hoc etiam modo studeant juvenes et parvuli. Omnia hujus mundi vana atque caduca quasi latibula serpentina devitent, diem mortis suæ ante oculos semper proponant, cum ante tribunal Christi steterint narrare omnia quæ fecerint, ubi nichil est absconditum. Quomodo illic aut quid dixerint semper precogitent, ultimum et divinum [**Fol. 107 v°**] judicium timeant, quia tam amarum est incidere in judicium Dei viventis, et quia sermo Dei vivax est et penetrabilior omni gladio ancipiti, cui nichil secretum est. Cujus terrore commotus etiam propheta ipse dicebat : « Quo ibo a spiritu tuo et quo a facie tua fugiam? Si ascendero in cælum, tu illic es; si descendero ad infernum, ades. » Et tali concludit sermone : « Quia tenebræ non obscurabuntur a te, et quia tu possedisti renes meos, suscepisti me de utero matris meæ. » Si ille possessor renium est, quis renium fluxus titillationem celare poterit ante illum? Faciamus ergo quod sequenter propheta acturum se esse promittebat dicens : « Confitebor tibi, Domine, quia terribiliter magnificatus es » et reliqua. Et quod alibi : « Preoccupemus faciem ejus in confessione, [**Fol. 108**] et in psalmis jubilemus ei. » Prius ergo accedat confessio de corde pura, deinde sequatur psalmodia. »

O fratres karissimi, hæc apud vos agite. Festinemus ergo ad bonum quod semper est; relinquamus spernendo quod non semper stabile est. Regnum adeamus, vitemus lacum. Vitam emendemus, mores corrigamus, castitatem diligamus, luxuriam odio habeamus. Spernamus apros inmundos, amemus agnos nitidos illius Agni mundissimi atque purissimi, qui super verticem montis Sion presidet, cui cum Patre et Spiritu Sancto honor et imperium est in secula seculorum. Amen.

CAPUT XXVII

De muliere subita cecitate perculsa, sed ab eodem sanata.

Preterea quoque alia res digna laude predicanda est [**Fol. 108 v°**] quæ sub articulo ejusdem temporis, nuper dum hæc ita se haberent, peracta est. Quædam itaque mulier, nobilissima materfamilias, subito cæcitate perculsa fuerat. At vero illa, utputa prudentissima, non ad luctum murmuriosum sed ad Deo gratias agendum conversa, his tribus modo ostendendis consolabatur orbitatem suam noviter ortam. Jejuniis namque continuatim, sive biduanis sive triduanis, intenta; orationibus devota; elemosinas largissime dando ferventissima, totum sic convertit opus suum ad Christum ut, tantis mitigata castigationibus, etiam virilia in omni pene studio perfecto transcenderet opera.

Deus autem omnipotens, qui nequaquam dona sua a recte poscentibus [**Fol. 109**] retrahit, non inretributas diu conspexit ejus operationes. Quadam enim nocte, dum se paululum inter plurimas fessa vigilias sopori dedisset, apparuit ei in somnis angelus Domini et totam splendore replevit domum in qua erat dormiens, et ait ei : « Ecce nuntius Dei sum. Nuntio tibi quia elemosinæ tuæ cum orationibus ac jejuniis tuis acceptabiles sunt coram Domino, et exaudita est oratio tua quia non ad murmurationem, sed ad studium boni operis te excitasti; et ideo misericordiam consecuta es, et tuo utique pristino ditaberis lumine, sed æterno quoque non fraudaberis dono. Hoc solummodo quod concessum est gratanter recipe; sed et opera tamen quæ modo ante agebas cæca, jam visura semper age non [**Fol. 109 v°**] neglegentius. Age ergo, cum prima lux apparuerit surge, vade ad sanctum Uuinualoeum, et per eum recipies sanitatem. » Nec plura affatus confestim ascendit in cælum.

At illa dehinc diluculo consurgens, una cum suis et filio eam ducente, iter carpebat ad sanctum, et confestim accedens ad illum, postquam adorasset, narravit ei omnia quæ dicta fuerant ei per angelum. Ille autem humiliter respondens et Deo gratias agens inquit : « Deus hoc, fide adhibita, prestare potest. » Et statim tetigit oculos ejus manu dextra, dicens : « Qui istos finxit, ille curare dignetur. » Et continuo aperti sunt oculi ejus, clarissimo lumine desuper dato, et ibat gaudens et magnificans Deum, per quem homo in terra positus adhuc corporaliter vivens, quamvis jam [**Fol. 110**] mente cum Deo habitaret in cælo, hæc tanta signa poterat facere et mirabilia, sicut priusquam veniret ad illum jam audierat, et ipsa per semetipsam vera esse probaverat quæ diu procul semota a referentibus didiscerat.

CAPUT XXVIII

De ejus obitu ab angelo prenuntiato et amicali collatione.

Cumque tamen tempus egressionis ejus e corpore sancto proximum immineret, per somnum apparuit ei angelus Dei, lætissimo vultu roseo et preclara veste quasi nix fulgidus, et dixit ei : « Uuinualoee. » At ille : « Adsum. » Angelus vero : « Frater, inquit, venerande, concivem sibi exposcunt te cælicolæ; jam enim digna agricolæ qui bene seminarit recompensanda [**Fol. 110 v°**] merces est. Primitiæ frugum, ut satis est, antecesserunt. » (Senes etenim maximi et justissimi ferebant quod multi de illa congregatione precessissent illum ad regna cælestia, de manu ejus propria in uno cymiterio quod dicunt Reliquias Sanctorum consepulti, quorum de vita et virtute nulla est dubitatio quod sancti atque electi Deo sunt.) « Vitem antecesserunt palmites et maturi quidam racemi. Vineam ergo, quam plantasti et propagasti et fodisti, dispone alii custodi : fructum quem adquisisti jam tempus est sumendi. O felix senex, vineæ custos et septor, uvas tuas cum videris quomodo tam apte sint collocatæ, abundanter lætaberis, quia omni tempore lateribus adhærebunt tuis. Dispone [**Fol. 111**] igitur domui tuæ, ut se semper in omni opere bono ferventissime exerceant, quia cito ex hoc agonis hujus labore liberaberis, et illi quidem, cum bene ac legitime certaverint, liberabuntur; sed modo non sumentur, et a te penitus, quamvis corporaliter absente, et successores eorum usque in sempiternum numquam destituentur. » Et hæc dicens, assumptis viribus, erectus est in æthera.

Sanctus autem Uuinualoeus postquam hæc cuncta fratribus retulisset, gaudentes pariter et flentes dicebant : « Cui nos commendas pater, ne orbati, sicut oves pastorem non habentes, relicti dispergamur per diversa? » At ille : « Habetis, inquit, vobiscum peritissimos in omni doctrina spiritali viros; sed illum potius eligite et secernite vobis pastorem, qui ita [Fol. 111 v°] dulcis quasi mel et quasi absintium amarus fuerit : hæc siquidem omni convenientissima sunt pastori. Pastorem ergo vobis apposui : videte vosmetipsi. » Et hæc dicens iterum loquitur : « Præparate vos hodie, quia postquam missam cantavero et illud sacrosanctum corporis Dominici recepero mysterium, quasi sexta diei hujus hora, Dominus et Salvator meus Jhesus Christus, cui semper adherere cupivi, recipiet me ab isto corpore gravi. » Dehinc sanctarum Scripturarum medicaminibus exhortando, et rerum cælestium multum profunda mirabiliter exponendo, et nova quædam quasi jam cælitus erectus hauriendo mystica, corda humilium non desinit reficere fratrum devotissime interrogantium et humillime auscultantium, novissimam expectans horam quousque [Fol. 112] terciæ horæ signum auditum est.

Tunc vero audito hoc signo : « Surgite, inquit, oremus; ecce hora quietis serenissimæ seni jam deliranti appropinquavit. Ecce modo jam panduntur regni cælorum portæ. Trophea Christi jam micant. Castra fulgent. Æthereæ jam apparent plateæ. Cæli cives quam pulchre ostenduntur! Jam invidus livor inimici, qui vix raro etiam usque modo illudere non cessaverat, jam studio caso prostratus, tabefactus et saucius, princeps demonum abscedit. Nolite ergo, electissimi fratres mei, pacem hic quærere cum mundo, ut maximam illic et quietam tranquillitatem et quietudinem tranquillimam habere mereamini in cælo, ubi summa pax est et summa tranquillitas et tranquillima summitas. Non tamen veram [**Fol. 112 v°**] pacem quærere prohiberem de qua dicitur : « Beati pacifici, quoniam filii Dei vocabuntur, » sed illam quam Salvator non mittere venisse se dicit, sed gladium. Melius est enim verba audire corripientis amara et tamen amantis, quam blandientis dulcia atque tamen odientis. Pacem quam Salvator regrediens ad Patrem commendat discipulos habere, sectamini invicem. Pacem semper non fictam amate. Spiritus etenim fictum effugiet, et in homine perverso nequaquam inhabitare dignabitur. Pax cum bonis et bellum cum vitiis semper habendum est. Pax, quæ apostolorum corda coadunavit et stabilivit in fide, ipsa etiam et vestra consolidet! »

CAPUT XXIX

De ejus animæ, post sacram corporis Christi communionem a sanctis [**Fol. 113**] *angelis in cœlum translatæ, leni susceptione.*

His denique dictis, sacris induitur vestibus cum quibus missam cælebraret. Sacrosancta deinde missa expleta, sacrosancti Dominici et mystici corporis et sanguinis assumpti refectione vegetatus, stans ante altare honorabiliter inter duos monachos, sustentatus hinc atque hinc, una cum fratribus psallens cum angelicis choris astantibus, comitem sanctissimam Deo et Domino Jhesu Christo reddidit animam, quam a pollutione carnali mundam, tam a corporali ægritudine intactam. Sanctus itaque Uuinualoeus, senex venerabilis, dominus et eximius monachorum pater, plenus dierum, ita, ut dictum est, quinto nonas martias, quarta feria [**Fol 113 v°**] in prima Quadragesimæ ebdomada, integer et corpore et mente obiit, absque ullo membrorum solutionis dolore : quippe quia ipse se prius judicarat solus gravissima examinatione, ut iterum cum hoc mundo non judicaretur, sicut ait apostolus : « Quod si nosmetipsos judicaremus, non utique judicaremur. » Qui autem, rectissimæ normam justitiæ semper sequendo, semetipsum acerrime judicaverit, jam non judicium metuit, sed premium remunerationis amplissimum atque pulcherrimum et dulcissimum lætus atque libens expectat.

Atque honorifice sanctissimum corpus fratres cum summa reverentia sepelierunt, et ymnis et psalmis et canticis spiritalibus : pignus sibi optatissimum a Deo concessum, per quem petita omnia illis necessaria prestarentur, et plurimæ virtutes [**Fol. 114**] agerentur, prestante Domino nostro Jhesu Christo, qui cum Patre et Spiritu Sancto vivit et regnat per omnia secula seculorum. Amen.

Item incipit de recapitulatione eorumdem librorum tertius liber, per heroicum metrum compositus.

I. De nobilitate Britanniæ. — II. De Fracano. — III. De tertii nati exoptatione. — IIII. De horribili visione. — V. De turbine in itinere. — VI. De primo ejusdem signo. — VII. De ejus ammirabili predicatione. — VIII. De cæco curato. — IX. De sorore ejus. — X. De discipulo curato. — XI. De pastore ovium. — XII. De concursibus equorum. — XIII. De Patricio per somnium viso.

Explicit libri primi recapitulatio.

Item incipit secundi.

XIIII. De egressione atque transitu per pagos Domnonicos et de loco invento. — XV. De maris divisi transitu. [**Fol. 114 v°**] — XVI. Item de situ ejusdem loci et de aquæ petitione. — XVII. De fantasmate diabolica. — XVIII. Quomodo a vicessimo ætatis suæ et primo vixerit anno et de vestibus ejus cilicinis. — XIX. De ejus cybo. — XX. De genere potus ejus. — XXI. De ejus contemplatu et supplicatione. — XXII. De Gradloni regis memorata allocutione. — XXIII. De matris Rioci suscitatione. — XXIIII. De tribus Catmagli filiis et juvene in scàpha relicto. — XXV. Quod nemo in eodem loco sancto poterat mori. — XXVI. De muliere cæcitate erepta. — XXVII. De ejusdem sancti obitu ab angelo prenuntiato, et quomodo e corpore translata sit anima.

I. — *De nobilitate Britanniæ.*

Copia maternam genuit cum germine rerum
Tellurem, noto antiquam cognomine dictam
Orbe Britannorum in toto; verumtamen ordo
[**Fol. 115**] Non idem æquali moderatus lance retentus
5 Legem inde infectus mox miscuit ecce priorem.
Clara huic soboles, clade propulsa maligna,
Acta freto terram rate transportatur ad istam
Ancipitem fugiens duro cum dente macheram.

II. — *De Fracano.*

Vir fuit antiqua magni de stirpe Britonum
10 Exortus meriti, devectus rura Fracanus
Cum sociis paucis Latii. Hic proprii cespitis, ora
Peste tegente adamata, relictor habetur, et apte
Armoricum sese locat in gremium, atque deinde,
Non parvo silvis fundo aspris ipse reperto,
15 Cum geminis tutus jam fixum matreque natis,
Cœpit habere locum modo cujus nomine dictum.

III. — *De tercii nati exoptatione.*

Tercius inde quidem natus speratur haberi,
Trinæ atque expresso summæ Deitatis honore
Quem læti poscunt precibus votisque parentes,
20 [**Fol. 115 v°**] Telluris propriæ custodem semper haben-
Ast uterum genitrix cum senserat Alba tumentem, [dum.
Nuntiat ipsa viro; tum pernix fama per omnes

Dispergit notos veniant spectare triumphum.
Quem cuncti natum dicebant Uuinualoeum.

IIII. — *De horribili visione.*

Nec mora, terribili concussus corda pavore,
Hunc dum vellet habere paterna talenta sequentem,
Terretur genitor, prosternitur atque subactus   5
Ipse solo imperio terrente Tonantis, et inde
Supplex rennuerat qui unum servire Tonanti
Tradere, nunc natos jam cernitur ipse daturus
Ternos sacratos tibi, Christe benigne, futuros,
Agne sacer, comites fulgens in vertice Sion.   10

V. — *De turbine in itinere.*

O felix via per quam vos conscenditis alma!
Magne pater, pueri magno cum munere curris,
Grandevumque, puer, solaris, sancte, parentem.
[Fol. 116] Summe senex, sanctum susceptum suscipe
Alme puer, sanctum pronus venerare magistrum;   [natum; 15
Magne parens, magni corda scrutabere doni.
Optime, cur remorare, Fracane? tua hostia sumpta est.
Tu bene, sancte Budoce, virum comitabere dictu.

VI. — *De primo ejus signo.*

Forte fuit notus orandi gratia, dictus
Visendusque locus : huc cum properare Budocus   20
Devotus voluit, quidam tribuisse maligno
Jussibus haut aptis aditum narratur, et ipsum

Denique, mox fracto crure, aspera pœna secuta est.
Hunc mestum ut vidit fratresque sibi glomeratos,
Usque modo absconsus apparet Uuinualoeus,
Teda quia accensa potuit non ferre tenebras.
5 O magnumque tui ad meritum lætare, Budoce.

VII. — *De ejus ammirabili predicatione.*

Tempore sub tanto precurrit gratia (donum)
Ævum precelso tenerum in puero, meritisque
[**Fol. 116 v°**] Repletus fulget. Victum tribuendo sacratum,
Pascendas nutrit animas, et in orbe revisas
10 More legit, dictans solidat, solatur et auget;
Dum instabilem minui cernebat, semper in ævum
Mansurum præbet victum. Sic corda minorum
Saucia mellitis pascebat mitia dictis.

VIII. — *De cœco curato.*

Rursus et ægroto tribuisti lumina cæco,
15 Sancte puer. Nam cum languentum turba jacentum
In porta consistere contemplatur, et ipse
Exanclans medius precelsi oracula Christi,
Ecce susurro fremens discurrit frivola fingens.
Ipse tamen patiens perduris mitia reddis;
20 Expertem visus ditasti lumine ductum,
Quo dux alma fides viguit cum simplicitate.

IX. — *De ejus sorore.*

Tu quoque, germana, sensisti munus herile

Fratris cara tui, propulsa morte tenaci.
[**Fol. 117**] Perditus est oculus veloci præpetis ausu;
Redditus en iterum, Christi veniente ministro.
Quantus erat mestûm luctus gemitusque parentum,
Cum vacuam cernunt, evulso lumine, frontem! 5
Ereptumque vident cum, secto ventre volantis,
Rursus more suo positum, quæ gaudia pulsant!

X. — *De discipulo curato.*

Fortunate puer Tethgone, sopore sopitus,
Callida versuti non noscens facta chelidri,
Ad talem curris preclarum rite magistrum, 10
Ostensumque pedem, cum toto corpore tensum,
Deposcis tabe eripier grassante veneno.
Vulneris hic causæ quæquæ sit origo proposcit,
Condita quippe nequibunt inde tecta mederi,
Aspersusque viges lympha, serpente perempto. 15

XI. — *De pastore ovium.*

Egregia est virtus non pretereunda referri,
Custos quam pecudum meruit Quonetheti adipisci.
[**Fol. 117 v°**] Custodem clauso sternebat densa caligo
Limine jam lucis, mixto ymbribus aere toto,
Erectusque caput, lyrcos circumdare vidit. 20
Anxius et tremulo quassatus corda pavore,
Auxilium sancti deposcit Uuinualoei,
Nec remoratus opem hic quoque venit ferre roganti.

XII. — *De concursibus equorum.*

Pompa ducum fuerat velocum cursus equorum,
Riuali, Fracani quoque, deindeque condita cursus
Cujus mensura in qua qui velocior esset
Monstretur. Subito, ceu pernix altus equorum
5 Aut aquilæ accipitrisve volatus, cursus habetur.
Sed puer increpitans qui sedit terga cavalli,
Lapsu prostratus, moritur. Mox sed redivivus,
Cernitur adstare pedibus, sancto adveniente.

XIII. — *De Patricio per sumnum viso.*

His ita completis, magno dum fessa labore
10 Membra soporifluæ modicum deflexa quieti
[Fol. 118] Aptasset, somno huic clarus presso leviori
Presens in vultu niveo comparuit ecce   [quit
Ore micans quidam roseo, ac primum : « Hic vir hic, » in-
(Sermonem exorsus), « quem quæris habere magistrum.
15 Fluctivagare tuam sanam jam desine mentem ;
Nomine nam dicor cernis ut rite Patricii.
Ignotos ponti rurisque scindere fines
Noli, sed notis patriæ remanebis in istis
Finibus, atque tamen, undenis fratribus auctis,
20 Hinc ibis ; solium quo Christus conditor almus
Monstrabit, luce radiatum semper habebis.
Preditus es libris, non nescio, frater, in almis :
In his pervivax meditare. Patronus et almus
Non tibi sanctus deesse putetur amore Budocus.
25 Formula sed nostri longe non distet ab ore. »
Hæc postquam nitido dicta exposuisset ab ore

Predictus sanctus, rutilanti luce, cucurrit
Ad sanctum mox Uuinualoeus facta Budocum
[**Fol. 118 v°**] Omnia narraturus, quo solus requierat.
Quid moror? Utrisque hinc, postquam data copia fandi est,
Insertis rithmo brachiis pergit sociorum
Cum dicto lætus, à tali ter benedictus,
Ingenii preclaris nutritore nitentis.

Explicit libri primi recapitulatio. Hic incipit secundi.

Hactenus in tenero quid fecerit ecce notavi
Ævo; nunc vero in maturo facta canemus
Quæque peregit, jam cæles in corpore versans.   10

   XIIII. — *De egressione atque transitu ejus per pagos
                Domnonicos et de loco invento.*

Postera jamque dies Eoi rutilabat ab ortu
Sideris, Occanum cum afflarat ab ore profundum,
Auxilio Christus fisus, quo verteret inde
Non gnarus, sed quo Christus conduceret auctor,
Egreditur nitidus clarum mirabilis ordo   15
Et chorus astrorum callem carpens benedictum,
[**Fol. 119**] Non illum pedibus solum qui carpitur almis
Sed morum gradibus, et rura per ampla profecti
Domnonensia, divini verbi comitante
Semine fructifero, pascuntur famine claro.   20
   Est locus antiquus, refluo ponto undique septus;
Rupibus omnem ad ventum est hic porrectus acutis :
Hunc Thope compellant veteri cognomine Pygiam.
Huc, iteris longo fessi ex ardore, feruntur;
Hic quoque precelsus inerat colles, et in isto   25

Consuerant fratres collata referre sedendo.
Istinc conspicitur silva gemmata decore,
Amnem trans fluvium quem dicunt nomine Magnum,
Oceano et refluo perfusum marmore pontum,
5 Ad quam mox properare volunt. Immobilis ille
Sed nulla ratione nequiverat inde moveri,
Donec, veridici monitu tactus bene Flatus,
Consensu tandem concepto, castra relinquens,
Ignotas rudibus calcarit gressibus algas.
10 [**Fol. 119 v°**] Ast, veterum ex dictis, si mira hic fecerit
Nescimus omnino; sed quæ radice tenentur,   [acta,
Sculpere sola quidem et nunc condere facta probamus.

XV. — *De maris divisi transitu.*

Ternis jam solis fulgor radiatus in horis
Laxatis velox frenis currebat equorum,
15 Cum subito fratrum scandebant agmina collem.
Sanctus ad hos dixit : « Nunc vultis pergere ad illam
Tellurem, fluvium ultra vobis quæ jacet? » Aiunt :
« Sic tua noster erit sensus ceu, sancte, voluntas. »
Ille dehin, baculi converso cuspide pontum
20 Percutit, atque globum socium per litora ducit.
Fissa, alternatim junctis sacris bene dextris,
Pendula militibus parebat lympha beatis.

XVI. — *Item de situ ejusdem loci et de aquæ petitione.*

Est in secessum vallis conclusus opacus
Densæ, solis ad ortum. Hic perspicuus paradisus
25 Floribus vernificis redoleverat, atque benignis
[**Fol. 120**] Una cum sociis huc delatus habitavit.

Fratribus inde quidem poscentibus ipse ministrat
Largifluam ubertim lympham; sed gaudia tanta
Post sitim ingentes præbent mirabile laudes,
Egregium et sancto post hoc mirabile donum.

XVII. — *De fantasmate diaboli.*

Tempore non longo transacto, fertur inesse
Luctamen sævi variis delusibus actum
Serpentis stolidi, millenis flexibus ortum,
Adversus sanctum; sed sacris condita libris
Spicula versuto transjecit ab ore profundo,
Et tanta aggreditur dictis atque increpat ultro :
« Quisquis es, adversus qui nostra ad mœnia tendis,
Effuge. Quid venias? Jam istinc et comprime gressum.
Sanctorum hic locus est per tempora cuncta sacratus. »
Ab his prostrata discedit dæmonis atri
Atra lues, fœdos eructans ventre liquores,
Saucius et Lœtheis se mox commiscuit undis,
[Fol. 120 v°] Cocyti stagna alta petens Stygiamque pa-
Turbidus hic cœno vastaque voragine gurges   [ludem.
Æstuat, atque omnem Cocyti eructat arenam.
Portitor has horrendus aquas et flumina servat,
Terribili squalore niger, cui plurima mento
Canities inculta jacet; stant lumina flammæ;
Sordidus ex humeris nodo dependet amictus,
Et ferruginea subvectat corpora forma.

XVIII. — *Quomodo a vicesimo ætatis suæ et primo vixerit anno, et de vestibus ejus cilicinis.*

Qualia maturis per tempora vixerit annis

Hinc canere incipiam, repetens ab origine prima.
Nam, cum septenos ter ducere noverat annos,
Ægclesiæ residens septis non agnitus ipse est.
Quinquies intentus sed denos dicere psalmos
5 Ter, crucis in modulo, aut fixus flexisque genuclis
Consuerat, iratus nec instabilisque videri.
Omnia quæ sanctum peragunt in corpore nectit.
[**Fol. 121**] Ex hac ergo die caulam qua condere sanctam
Cœperit, haut lini lanæve indutus amictu est,
10 Pelliculis capræ sed vestis texitur aspris;
Hac quoque contentus tam nocte dieque manebat
Pro bysso et serico. Geminis stabilire lapillis
Sacrum cum pedibus caput apte sueverat, atque,
Si quando ingrueret somnus, se aptare gravatus
15 Inde thoro crine strato durisque lapillis.

XIX. — *De ejus cibo.*

Æscas haut prebent cerealia farra diurnas,
Ordea sed tenues huic prestant fortia victus,
Mixtaque cum cinere longa jejunia frangunt,
Æquato propensæ tali pondere libræ.
20 Pulmentumque sibi ex lympha commixta farina est,
Aut holerum trusis conditum viribus ipsis.
Caseus sollemnem prebet per fercula lucem,
At quosdam sumit magno pro munere pisces.
Nullam quadrupedum aut volucrum carnem capit ipse,
25 Nec inpinguatum ex illis quid sumpsit in usum.

[**Fol. 121 v°**] XX. — *De genere potus ejus.*

Pocula prebebant silvestria dona propensa.

Hæc, cum magnus huic fortissimus ardor inesset,
Grata fuisse magis perhibent, nec dulcia mella
Vinaque, humanum quæ sensum evertere possent,
Degustare illi libuit; sævum quasi morbum
Sed vitare magis placuit, cunctisque secutis. 5

   Sed cum magna quidem cernit excedere vires
Illius humanas onera modo temporis hujus,
Consilio prudens, hac disponit moderator
Vivendi normam bene Ludouuicus habere
Preclari eximiique patris juxta Benedicti 10
Taxatum liquido et summo moderamine scriptum.

XXI. — *De ejus contemplativa oratione*.

   Hic quoque precipue precibus operam dare suevit
Devotus, fratrum commissa caterva suorum
Quamvis in arte obtemperet, atque beatus Olymphi
Ardua jam liquidi cupiebat rura videre. 15
Corporis ægroti vinclis jam regna solutis
[**Fol. 122**] Cœlica cum turmis gaudet conscendere claris,
Summus cum sociis ubi Christus presidet agnis.
Sed, ne ferre gregem videatur inesse molestum,
Auxilio fisus Christi omnia rite regebat. 20
Plurima vectantur languentum corpora, cunctum
Sed sanum magno rediit cum munere vulnus.

XXII. — *De Gradloni regis memorata allocutione*.

   Interea regis fama circumvolat aures,
Mœnia qui sceptri regnabat condita celsi,
Amplum cui suberat, producto limite, regnum. 25
Gradlonum sat jam cecini sanctumque Rihocum;

Cornubia ægregia steterat ut jam inclita laude,
At sub fasce gemit duro subpressa labore.

XXIII. — *De matris Rihoci suscitatione.*

Tu quoque virtutis sensisti munus herilis,
Cujus cara parens pressa languore refertur.
5 Nuntius ad sanctum narrabat facta Riohocum,
Ille dehin sancto referebat missa magistro.
[**Fol. 122 v°**] Eximius pastor Christi mandata monebat
Esse sequenda magis, jam corpora mortua condi
Quosque jubet patria; sed cum differre nequiret,
10 Convictus precibus tum tandem pergere jussit.
Mox, puero comite, contentus pergere cœpit.
Ingressum juvenis funebria cymbala pulsant;
Hinc gemitus cari mortis planctusque recedant
Iste jubet. Nam mox discedere fecit amicos,
15 Fundit aqua comite extinctum gelidumque cadaver.
At mox, ceu somno leviori tincta, redibat,
Per dextram sublata sati sanctique magistri,
Tartareis fuerat quæ jam submersa baratris,
Lætaque servitiis placuit Christo optima sanctis.

XXIIII. — *De tribus Catmagli filiis et quarto in scapha relicto.*

20 Hoc quoque tres fuerant Catmagli tempore nati,
Ex raptis hominum viventes ordine iniquo,
Fasque nefasque simul æquali pondere pensant.
Omnia quæ per vim possent furtumve trahebant;
[**Fol. 123**] Quanta nocere valent, non tantum parcere no- [runt,
25 Sed tamen illa magis delectant rapta rapinis,

Lædentesque malo congaudent vivere furto.
Cunctaque congestæ arbitrantes culta monetæ
Istic haberi hujus regionis conglomerata,
Denique consilio abdita septa effringere aborto
Invadunt avidi, diri ceu more leones. 5
Area sed fratrum, modica retinens alimenta,
Ingressis aperit mox sponte serata malignis.
Propterea elati saccos replere parabant,
Luceque perfusi corrumpunt fœdera noctis.
Egressosque dehin mox ultio magna secuta est. 10
Unius infracta, collapso corpore, coxa est.
Alter amat fletus, immoto corpore fixus.
Tercius haut longe discurrit, lumina cæcus;
Quartus et ingentem detrudit palmula pupem.
Interea sanctus nocturnans Uuinualoeus 15
Fratribus hæc tantis raptaque et furta revelat.
At, cum lucifluus spargebat lumina Phœbus,
[**Fol. 123 v°**] Hortatur socios clara de voce benignus :
« O fratres, dicens, carique michi, tribuamus
(Nonne fuit tempus?) solamen egentibus aptum. » 20
Hoc dicto, pergens confestim visitat ægros,
Carcere contrusos, et peste metuque ligatos.
Corporis hos curat morbis (quid demoror?) atque
Arentes animos divini aspergine verbi
Rorat, et ægregios Christo facit esse colonos. 25
Se quoque disjungi haut patiuntur ab ore magistri,
Per quem perpetuis læti fulsere coronis.

XXV. — *Quod nemo in eodem sancto loco poterat mori.*

Mors dira evelli potuit, haut fessa senectus,
De sancto cœpisse locum quo condere dicunt,

Angelicos istic quia conspexisse feruntur
Conspectus, roseo tinctos cum veste colore
Preclaro, nivea bysso, coccoque retexta.
Mors etenim regnare nequibat lux ubi regnans
5 Permanet alma, quia hic qui conspexisse fatentur
Angelicos vultus non desunt tempore prisco.
[**Fol. 124**] Exhinc ergo senes cogebant tollere castra
Haut longe, extorta sed quantum findere funda
Calculus acris hoc spatium detrusus habebit.
10 Hic iterum nova figere castra et condere placat,
Istic atque novus contemplatur paradisus,
Ex suavi prisci rivo fontisque novelli
Diluvio fusus claro; hic ergo responsum
Angelicum primo maturas condere messes,
15 Atque novos pulchra messoris falce maniplos
Colligere hinc habuit, transacto fine pruinæ,
Lætus ubi agricola cum lætis gaudet amicis.

XXVI. — *De muliere cecitate erepta.*

Haut tibi parva salus, dum hæc plurima mira geruntur,
Mulier, subito cui lumina rapta fuerunt.
20 Pulcrior electis nam dum comitata choreis,
Et miris formæ nitidæ ditissima gemmis
Incedis, Domini presentis dira flagella,
Nec frustra, Domini flectis sub verbere Christi.
Divitias large tenues appendis, ut ipsas
25 [**Fol. 124 v°**] Inter Christicolas capias sine fine repensas,
Quo lux alma viget, quo summi gratia Christi,
Æterno vernus ubi fulget sole refulsus
Campus conspicuus et florido odore repletus.
Orba quidem mundo, sed non es lumine vero;

Mundo nam privaris, Christo semper adheres.
His igitur verbis demissus nuntius aures,
Astrigeris subvectus equis per inania longa,
Personat : « O mulier, voces donaque recepta
Grata Deo Domino constant per cuncta superno. 5
Magna fides meruit quod simplex prona poposcit;
Hinc adeas sanctum fidenter Uuinualoeum,
A quo perspicuum capias hunc munere visum :
Corporis adjecto et mentis ditabere dono. »
Nec plura effatus teneris se miscuit auris. 10
Haut mora, cum prima rutilat aurora diei,
Surgens, cum sociis natoque viam carpebat.
Ventum erat ad sancti lucentia culmina tecti,
Egregiis merito donorum culmine tignis,
[**Fol. 125**] Omnia quæque sibi suggesta referre paravit. 15
Sanctus ad hæc dicto respondit famine sancto :
« En Domini famula; Christo tribuente, revisa
Hæc poterit capere. » Atque oculos contingere dextra
Curavit, placidamque hausit in munere lucem,
Atque domum repedans, grates Domino referebat, 20
Grataturque videns quæ nuncia fama ferebat.
Ediscens propius longe quæ gesta tenebat.

XXVII. — *De ejusdem sancti obitu ab angelo prenuntiato, et quomodo e corpore translata sit ejus anima.*

Cumque seni placida speratur adesse potestas,
Multiplicesque hujus angoris duceret orbes,
Actus et miros fecisset viribus almis, 25
Victor et armatus mercedem spectet agonis,
Angelus, e clari descendens culmine cæli,
Densos inter somnos rumpit verba quietos :

[Fol. 125 v°] « O custos vineæ, premissos ante racemos
Tanta sequere habiturus vitis præmia, summos
Post sudores atque æstus pluviasque malignas.
Optima namque die prestatur crastina merces,
5 Et cæli janua et sceptri tibi panditur aula.
Ante diei mediam sumetur corporis horam
Vitalis flatus et summam scandet in arcem.
Summus erit ductor stellato tramite Christus.
Quin age, pernicius custodi mitte novellam. »
10 Dixerat, et niveis prepes se corripit alis.
Ergo dehin sanctus collectis Winualoeus
Replicat ore micans sociorum cœtibus almis.
At fratres humili deposcunt voce moneri
Cujuscumque ducis deberent esse sequaces.
15 Ille tamen : « Dulce cujus mel fluxit in ore
Succus et absintii, hunc vobis preponite talem. »
Interea, dictis dum condunt talia sacris,
Tercia, more suo, ducebat signa Phoebus.
[Fol. 126] Vestibus hinc sacris indutus corpus in albis,
20 Panem dona Deo sacrum vinique liquorem
Offert, atque animam his firmatus corda sacratis,
Binis annixus monachis, altaria citra,
Cum Christo comite, psallentia verba remisit,
Inter et angelicos gaudet habiturus honores.
25 Mars et Nonarum carpebat forte dierum
Quintum, dum sanctus vectatur in æthera plenus
Virtutum, studiis et morum ex aggere fultus,
Corporis intactus gemitu atque dolore ; sed almis
Jejuniis Paschæ denis quater ipse diebus,
30 Conscendit celsum trans nubes victor Olimphum.
Quarta gerens globulum feria tum tempore primum
Lucem per terras spargebat candida cunctas,
Et cæli medium sol clarus scanderat axem,

Cum sanctam Domino commendat corpore vitam.
Discipuli studio electi condere magistri
Corpus, honore suo dignum fulcire sepulcro,
[**Fol. 126 v°**] Laudibus aut ymnis reboantabus, apta ca-
Cantica precelso et dicentes dulcia Christo.   [neutes

Explicit liber tercius Vitæ sancti Winualoei.

INCIPIT HYMNUS AD VESPERUM IN NATALI SANCTI WINVALOEI PER IAMBICUM TETRAMETRUM COMPOSITUS.

[Fol. 127] Inclite Christi confessor,
Festa qui nobis gaudia
Anni reducis orbita,
Wuinualoee, coruscata :

5 Tuis faveto precibus
Adherentes luminibus,
Sacris poscentes postibus,
Conclamantes in auribus.

Quis tam cautus in sermone,
10 Fragili dum in hac carne
Vixerit, opere complens
Quæ verbis rite edoces?

O lux, ô splendor patriæ!
O spes perennis famulis!
15 Tuis ministrans solamen,
Sacris nos erige dextris.

Fulgens prebendo mystica,
Irradiantis animæ
Victus, conspergis famina
20 Exemplis coruscantia.

Claris ornatus meritis,

Pristinæ reddens saluti,
Debilitatis plurimos
Mortis traxisti casibus.

Sancte, nos ergo preclaris
Deservientes in aulis 5
Tuis custodi, trucibus
Ne contradamur ignibus.

Terræ polique rectori,
Deo gloria sit Patri
Cum Nato et coæquali 10
Sancto Spiritu perhenni.
    Amen.

ITEM ALIUS YMNUS IN NATALI EJUSDEM AD MATUTINUM, PER TROCHAICUM METRUM IN TERCIO VERSU CATA-LECTICUM.

[Fol. 127 v°] Aurea gemma floridis
Candescens mire coronis,
   Miris cum comitibus,
Millenis stipatus viris
5 Mundum calcans hunc cruentum,
   Wuinualoee, preclaris :

Vestigiis, alme, siccis
Pontum percurris profundum;
   Ast binos morti datos,
10 Sacra levatum dextera
Et quendam leto proximum
   Vitæ dedisti potens.

Ac lympham æque poscenti
Atque sacri dona verbi
15   Tu tribuisti gregi.
Virtus nam tibi sortita,
A Christo summo tradita,
   Sacrum pascere gregem.

Es multis donatus donis,
20 Confirmatus innumeris
   His et mirabilibus;
Signis clarus et tropheis,

Multos erigens languidos,
  Innotuisti vulgo.

Cælestia prebens dona
Tuis flexo collo dictis;
  Tu, subnixa sacratis   5
Aurea melle canistris
Componens dicta perlitis,
  Claro rorasti nimbo.

Tu, sancte, serva famulos
Quos tibi jam dedit Christus,   10
  [Fol. 128] Jam nunc una cum magni
Patre futuri seculi
Sanctoque simul Spiritu
  Viventi per secula.
    Amen.   15

Incipit prefatio ymni sancti Winualoei a collegio Clemente compositi

A Kalendis novembribus usque in Pascha, dominicis diebus, post matutinum, a fratribus qui ejus incolunt monasterium canendi.

A Pascha autem usque ad prescriptas Kalendas, qualem voluerint de prescriptis quos jam natali ejus coaptavimus ymnis canant, quia brevioribus succinctiores noctibus continuandi sunt sermones.

Pentametri versus.

Ecce tuo Clemens ymnum construxit honori,
    Winualoee, decens attribuente Deo.
Litterulæ quoties sunt aut iterantur in isto,
    Tu toties pro me fundito verba Deo,
5 [**Fol. 128 v°**] Impetres michi quò veniam; non desine,   [sancte,
    Clementis famuli sed miserere tui.
Deprecor atque tui qui constant esse sequaces
    Sic peragant fratres hoc, in amore Dei.
Nunc quoque qui relegant, una cum fratribus abbas
10   Cognoscant Aelam jusserit ut facerem,
Tempore quo Salomon Britones rite regebat :
    Cornubiæ rector quoque fuit Riuelen.

Nunc ymnus incipit.

Alme, dignanter supplicum
Precibus munda delictum,

Uuinualoe, cælestium
Cænobita sublimium.

Britigena mirabilis,
Luminibus expers solis,
Nostræ lucifer patriæ 5
Missus es regum rectore.

Cælicola cum terrenis,
Moribus lucens optimis,
Spernendo mundi lubrica,
Æterna capis munera. 10

Dictis pascebas mellitis
Horis socios diversis,
Domini serens semina
Quo ille metat centupla.

Educatus sanctissime, 15
Sancto plenus Spiramine,
[Fol. 129] Cum didicisses litteras,
Canonis scisti Scripturas.

Felix scola, quæ præclaris
Ditavit sanctum rivulis! 20
Non pedetemptim descendit,
Sat cordi sed prono luxit.

Gliscebat, pectus perlustrans,
Intellectus cælo manans;
Excedens cursus solares, 25
Divinos augebat mores.

Hunc solus Christus perfulsit,
Talia qui nobis dixit :
« Non magistrum in tellure,
Sed sursum illum quærite. »

5 Instaurando crus infantis
Ostendit signum virtutis,
Ne sub modio submissa
Luceret, sed sursum, tæda.

Catervasque languentium
10 Visitabat et pauperum ;
Cum non haberet terrestres,
Gazas prebebat cælestes.

Letiferis morbis captos
Hic sanavit tam plurimos,
15 Quos calculo comprendere
Nequimus, neque scribere.

Mare, pone cœnobium,
Primus transivit per siccum,
Assequente cœtu fratrum
20 Christo regi psallentium.

Nescia sui natura
Ritus, sancto sed subjecta,
Aditum [**Fol. 129 v°**] dedit gressibus
Fundum silvæ quærentibus.

25 Orante isto, fulgidam
Per venas emisit lympham

Tellus carens, prudentia
Precantis nec sprevit corda.

Per quem, procul pulsa morte,
Revixerunt in corpore
Bini quos letum perdidit,
Præter quem serpens occidit.

Quod fecit non omittamus
Ternis quoque latronibus,
Carnis peste quos sanavit,
Christicolas quos perfecit.

Roscido sparsit famine
Gradlonum, ducem patriæ,
Qui, ut ager non spinosus,
Fructus reddidit centenos.

Signum gessit mirabile :
Sororis sibi germanæ
Ventre traxit ogæ ptalmum,
Locavitque ceu alterum..

Tui precatus munere
Nostrum reatum dilue,
Ne nostri penetret cleptis
Callidus sinum pectoris.

Ululantem ceu sanasti
Dolore dentis maximi
Cujusdam natum principis :
Sic intercedas pro nobis!

Christus per te custodiam
Præstet nobis indefessam;
Pellat cursus gentilium
Similiter et dæmonum.

5   Ymnum Deo noster chorus
Concinit tuis actibus;
[**Fol. 130**] Tu, pro nostro peccamine
Preceris, clementissime.

Telo devicto perfidi,
10 Cælo simus presentati,
Nec patiamur Tartara,
Sed vehamur in gloria.
    Amen.

Incipit omelia die natali sancti Guingualoei ad lectiones pertinens nocturnas et habita ad populum.

Hæc autem rescribimus, aut his qui forte hunc nostrum in precedentibus libris capere aut colligere intellectum minus valent, aut his qui, aliis occupati occasionibus, minus vacantes, istas hujus sancti compendosius in unum complecti ambiunt virtutes.

Lectio I.

Post ammirabile generis humani commertium quo de antiqui facinoris fece mundatum est, post ignitas linguarum coruscationes de cælo emissas, quibus novus cum rudi fonte imbueretur cuneus, ita ut, quod ignis doctrinæ contingeret, baptismatis unda [**Fol. 130 v°**] dilueret, et post innumerabiles victorum rosei coloris phalanges, confessionis æque pariterque multiplicem intemeratæ virginitatis calculum, etiam et nobis Dominus noster Jhesus Christus Cornubiensibus in fine mundi positis, minus idoneis, extremis Galliarum sanctum direxit atque occiduis in partibus Winualoeum.

Lectio II.

Quia enim, sicut in primo de Vita ejus libro nuper edidimus, inclitis parentibus et eisdem Deum pro hoc deprecantibus ortus est, mox quasi lumen splendidissimum cunctæ innotuit patriæ. Deinde et ejusdem pater, cum sanctæ pueri voluntati sacris imbui rogantis paginis rennuere cœpisset, divino territus tonitru, duos cum eo in Dei servitio immolare suos coactus est filios.

Lectio III.

Nec mora, octavo die ad sanctum iterantes Budocum, tempestatibus minari visi sunt horrendis; sed mox, Dei afflatus spiritu, patrem suum rerum pleniter evenientia [**Fol. 131**] edocens, cuncta hujus horroris cessare fecit fantasmata. Hæc namque prima huic erant temptamenta, pluribus ævo sequente subsecuturis. Huic ergo sancto predicto, cum delati fuissent, cunctas hujusce causæ pater ejus retulit rationes. At cum sibi hunc advocari jussisset et patris libenter responsa audisset, vultuque decorum, lætumque aspectu, humilem ac verecundum cognovisset, secum sibi quasi filium manere maluit, statimque ea die non tepidus cunctas latinæ linguæ didicit litteras, sanctarum futurus bibulus Scripturarum.

Lectio IIII.

Sed non post multum tempus, dum magister ejus quendam orandi gratia adiret locum, forte accidit ut cujusdam puerorum, dum senis mandatum contemnunt, cruris effrangerentur tibiæ. Et hoc non sine Dei nutu actum esse sentimus, quippe quia sancti Winualoei merita opportunum jam tunc erat explicari, ut etiam [**Fol. 131 v°**] per hoc quodammodo in primo ejus ostenderetur signo virtus. Sanctus itaque Uuinualoeus, cum in medio fratrum cœtu merentium advenisset, eum sub oculis omnium qui aderant, signo crucis erecto, pristinæ reddidit saluti.

Lectio V.

Sub eo itidem tempore, alia virtus ejus demonstratur, quia, dum quadam die pauperum doleret inopiam et verbum consolationis eis impenderet, quidam transiens hunc derisit subsannando dicens : « Cur non et hic elemosinam nil habentibus daret? » Ille autem cito unum sumens cæcum e medio languentium, secreto aperuit oculos ejus in loco, et pro hoc maximam ab ore magistri et fratrum ejus, etiam nolens, sustulit laudem.

Lectio VI.

Rursus, sub eodem hujus temporis articulo, germanam ejus sororem adhuc infantulam, ansere trahente, fertur perdidisse oculum, et ob hoc angelum sibi demissum ut ejus languorem [**Fol. 132**] curaret. Itaque, cum sic angelo optemperasset et oculum de ventriculo alitis distraxisset et in locum suum incolomem recollocasset, et sororem ejus sanavit et alitem gregi suo sanum restituit. Et ex hac una duæ factæ sunt virtutes.

Item, cum quidam discipulus nomine Thetgonus, morsus a serpente in pede fuisset, aspersa eum aqua inundavit benedicta, turgescentibus jam morti proximum membris, et serpens crepitu, signo crucis elevato, interiit divisus, et ultra nusquam in illa terra visum est tale genus.

Lectio VII.

Atque eodem in tempore res maxima facta est. Nam cum

pater ejus et Riuualus, Domnoniæ dux, equos suos ducerent in cursum, lapsu subito puer supersedens Fracani caballum inter acutissimas petras prostratus ac statim mortuus est. Illis autem circa illum lamentantibus apparuit Wuinualoeus, [Fol. 132 v°] et hisdem rogantibus, oratione pro eo ad Deum effusa, ressuscitavit illum et reddidit patri suo.

Lectio VIII.

His et aliis virtutibus ejus plurimis manifestatis, affabili ac benignissimo sancti Patricii, Hybernensium doctoris, per noctis visionem fruitus est alloquio. Et edocuit illum omnia quæ agere deberet. Ille vero, cum cuncta suo replicasset magistro, undecim fratribus sibi adjunctis, iter Domnonicum carpens, tandem ad insulam Thopepigyam delatus est. Qua denique post triennium tempus derelicta, iter mirabile, coetu fratrum assequente, per profundum fecit pelagus. Erat autem situs quidam juxta litoris oram in medio silvæ positus. Huc ergo cum advenissent et inibi eos habitare delectaret, aqua omnimodis deerat; sed ille a quo sicca rupes aquam jussa [Fol. 133] est fundere, fontem, Uuinualoeo rogante, non modicum fecit inundare.

Lectio IX.

Eodem quoque tempore, statim ut locus ille habitari coeptus sit, antiquus humani generis hostis versutias renovare suas adversus virum Dei, in omnigenum se transformans monstrum, majoribus calliditatis suæ sese frustra acuens argumentis, coepit. Sed a viro Dei viriliter superatus, nichil demum contradicere ausus, foetorem reliquit pessimum, atque statim cum omni ignominia abscessit.

Cunctis igitur remediis curationum languidis medelam tam corporis quam animæ poscentibus adhibitis, ac rumore per cunctos Latinorum fines ejus late consperso, Gradlonus apud eundem, Cornubiæ rex, familiarissimum habuit colloquium. Et collo cum toto corpore in terram deflexo, ejus humillime orationis imploravit auxilium. Ac dehin mitior factus, [**Fol. 133 v°**] stabilitum continuit regnum et Dei servorum meruit habere consortium.

Lectio X.

Sed et quædam matrona infirmata fuerat, cujus filius nomine Riocus in ejusdem sancti conversatione degebat. Cumque tamen ad hanc se dimitti visitandam, utputa infirmam jam morti proximam, a patre spiritali impetrasset, eandem, jam hesterna die defunctam, aqua quam secum a beato viro deportaverat benedictam desuper conspersa, invocato Winualoeo, suscitavit in nomine Domini Jhesu Christi, atque Deo de reliquo [illa] devotius deservivit.

Item, tres Catmagli filios, in rapina et latrocinio promptos, a vindicta liberavit corporali et æternæ invitavit mercedi. Nam unum eorum de horreo sancti prædicti fracto sub onere suppressum delato femore, alterum immoto corpore fixum, tertium orbato cesum lumine, uno salvavit sermone.

Erat quædam mulier quæ subito cæcitate [**Fol. 134**] perculsa est. Hanc autem cum se orationibus ac jejuniis atque elemosinis dedisset largis, angelus Domini allocutus est ut sanctum inquireret Winualoeum et visum ab eo reciperet. Illam denique obtemperantem sic res pariter subsecuta est.

Lectio XI.

Sed et cum tempus ejus e corpore evocationis appropinquasset, eadem nocte antequam subsequenti crastina die sanctissima ejus levaretur anima, revelatum est ei ab angelo Domini. Denique continuis confirmans gregem Domini sibi commissum preceptis, non cessat aut predicare aut orare, donec inter ipsa duorum æque subnixus monachorum brachia, divinis sacræ communicatus officiis missæ more suo completis, psallens, novissimum, absque ullo membrorum dolore, inter angelicos (quos ipse videbat) emisit spiritum choros.

Lectio XII.

Quinto itaque Nonas Martii, [**Fol. 134 v°**] sanctus obiit in pace Winualoeus. Cujus sacri item translatio corporis, de minori in æcclesiam (qua nunc ossa ejus continentur) majorem, IIII^{to} Kal. Maii celebratur : ubi celebrior ei in publico populis enunciatur sollempnitas, quia ibi solutius antiquiores patres atque expeditius (ne Quadragesimæ tempus impediret inter Paschalia hanc eandem festivitatem) sancire maluerunt sollemnia.

Quid igitur in ejus tanti viri dignum comparatione dicemus, quia cum omnes, sicut in secundo hujus operis libro plenius edocuimus, jure antecelleret, omnibus tamen carus erat, omnibus affabilis et benivolus, aspectu angelicus, sermone nitidus, opere sanctus, corpore integer, ingenio optimus, consilio magnus, prudentia discretus, fide catholicus, spe patientissimus, caritate diffusus, orationi intentus, divinis Scripturis [**Fol. 135**] preditus; ultra omnium pene mensuram, qui modo vitam vel etiam tunc ducebant sanctam, moribus elevatus, ut nemo dignam hujus referre valeat comparationi laudem, nisi ille, cujus numquam ab ore recedebat laus, Jhesus Christus, qui cum Patre et Spiritu Sancto vivit et regnat in secula seculorum. Amen. 5

Explicit Vita gloriosissimi VVinvaloei.

VITA
SANCTI IDIUNETI
ALIAS DICTI ETHBINI

[**Fol. 135 v°**] Beati Idiuneti confessoris vitam scripturus, peto habere suffragatorem quem ipse in se habuit habitatorem. In Britanniæ partibus natus extitit Idiunetus patre nobilissimo et matre, eruditus liberalibus studiis in domo patris sui usque ad XV^{mum} annum. Mortuo autem patre Eutio, mater Eula ad sancti Samsonis, episcopi Dolensis, confugit presidium, et ut eam sacro velamine consecraret postulavit. Qui etiam, voluntati petitionique assensum prebens, et eam Deo dicavit et filium suum Idiunetum comam capitis radens clericavit. Mansit autem beatus Idiunetus cum beato Samsone episcopo quibusdam diebus, serviens ei nocte ad die.

2. Quadam autem die, dum beatus Samsonus episcopus sacerdotali fungeretur officio et Baumerus diaconus lectionem Evangelii recitaret, audivit Idiunetus [**Fol. 136**] verba dicentis Domini : « Qui non renuntiat omnibus quæ possidet non potest meus esse discipulus. » Hac voce compulsus cuncta reliquit et ad sanctum Similianum abbatem pervenit, monachilemque habitum de manu ejus accepit et sub jugo Domini cervicem suam inclinavit, in monasterio quod Tauracus nuncupatur. In eodem namque monasterio habitabat

Wingualoeus, sacerdos et monachus magnæ sunctitatis vir, qui beatum ad se conjungens Idiunetum, videns eum superna gratia illustratum, ut pater filium diligebat.

3. Consuetudo autem erat beati Wingualoei æcclesiam quæ sita erat a monasterio miliario uno visitare, et ibi hostias tam pro vivis quam pro defunctis, jussu abbatis, offerre. In hujus enim visitationis consuetudine secum sociavit Idiunetum, juvenem preclarum, diaconem magnum, ut sacerdos dignus diacono sustentaretur justo. Accidit quadam [**Fol. 136 v°**] die, dum consuetudinem explerent et iter per campos in tempore messis facerent, invenerunt quendam leprosum jacentem in messe, graviter plangentem, totum corpus vulneribus plenum exclamantem, flebili voce auxilium ab eis postulantem. Beatus Wingualoeus Ehtbino justo ait : « Frater carissime, quidnam daturi sumus huic pauperi auxilium nobis postulanti? Aurum non habemus, argentum non recondimus. Nudi pecuniis hujus seculi, quid acturi sumus huic egenti? » Sanctus autem Ethbinus, Spiritus Sancti gratia repletus, ait : « Legimus, pater, in Actibus discipulorum quod, beato Petro apostolo cum Johanne templum introeunte, claudus elemosinam petiit, et sospitatem gressus itineris ab eis cœpit. Tu autem appropinquare pauperi, et supernæ gratiæ munus impertire illi. »

4. Tunc beatus Wingualoeus stans secus pauperem dixit : « Quæ sunt in te [**Fol. 137**] infirmitates, frater, quibus tam graviora suspiria tamque debilia verba emittis? » Ille, ab intimo pectore trahens suspiria, cum magna humilitate ait : « Magnæ angustiæ, graves dolores quatiuntur in corpore meo; tamen insuper unus dolor inest qui tantum est infirmitati meæ noxius, ut, si hunc diem sine hujus doloris auxilio transiero, mortem potius quam vitam proximam esse puto. » Et respondens sanctus Wingualoeus humiliter ait : « Dic, tu frater, quo auxilio leviari poteris; testis est Deus quod nostræ

carnis partem in tui auxilii ope, si necessitas comprobaverit, posituri sumus. » — « Nares (inquit) meæ, dolore vulnerum plenæ, stercoris concremantur ab ardore, ut vides, tantæ infirmitatis. »

5. Hæc audiens Ethbinus librum quem gestabat manu ad terram deposuit et pauperem per latera arripiens, quia [**Fol. 137 v°**] pronus in terra jacebat, erexit. Sacerdos Christi Wingualoeus ad nares ejus manum porrigens, pauper flebili voce clamare, ut poterat, cepit : « Noli, senior, noli manibus capere nares, quia dolor non permittit; sed, si pro remissione peccatorum tuorum dolorem meum leviare volueris, necesse est michi ut in ore tuo nares meas miseris et ita traxeris. » Humiliavit se beatus sacerdos, qui exaltatus erat mente in cælo, et quando putavit leviare pauperi, in ore suo excepit carnem filii Dei.

6. O mira res et admiranda stupendaque omnibus audientibus! Mox ut ad se traxit beatus Wingualoeus, petra mirabilis in ejus ore cecidit, et beatus Ethbinus per latera Dominum tenens sursum aspexit, cælum apertum vidit, et in capite Domini quem tenebat sancta crux apparuit, angelosque in obviam Domini venire vidit. Sacerdoti tunc [**Fol. 138**] ait : « Pater sancte, ipsum quem teneo manibus et tu ore, Dominum Jhesum Christum, qui pro nobis semetipsum dedit, esse crede! » Cupientibus autem illis eum tenere manibus, elevavit se Dominus Jhesus Christus in nubibus dicens : « Non me erubuistis, servi mei, in angustiis meis, nec vos erubescam in regno patris mei. Hereditas vestra mecum est, et his qui vestri in suis orationibus memores fuerint, salus in regno meo. » His dictis evanuit ab oculis eorum, et receptus est in cælum cum magna voce. Vocem quidem audiebant, sed neminem videbant.

7. Stupefacti autem et nimio gaudio læti laudaverunt ipsum qui eos in tantum dilexit quatinus eis ostenderet in similitudi-

nem pauperis carnem Filii Dei. Beatus Wingualoeus dixit :
« Hoc tuis meritis, frater Ethbine, accidit nobis, qui tantæ es
humilitatis et obedientiæ ut quicquid humana lingua precipere
potest tu corde devotissimo [Fol. 138 v°] adimples. » At
contra Ethbinus ait : « Non ita est, pater ; sed tu, qui cotidie
carnem et sanguinem Jhesu Christi immolas, meruisti ipsum
videre corpore in suo quem assidue tenes in animo. Vide ne
patefiat. Nemo enim hoc factum novit nisi solus Deus, exceptis nobis duobus. » Dehinc ad monasterium revertentes nemini
innotuerunt, sed suam consuetudinem usque vastationem
ipsius templi adimpleverunt.

8. Supervenientes enim Franci vastaverunt Britanniam.
Tunc beatus Ethbinus Hiberniæ partes petens, in silva quæ
Nectensis dicitur, ut pauper peregrinus, tugurium fecit, et in
honore sancti Silvani martyris æcclesiam fabricavit, in qua
assidue ut bonus servus Domino suo militavit. Igitur dum
quadam die Ethbinus pro foribus monasterii sedens erat,
claudus venit et ab eo elemosinam petiit. Et beatus Ethbinus ait : « In nomine Domini nostri Jhesu Christi, surge
sanus et sta super pedes tuos, et benedic [Fol. 139] Deum
qui salvat sperantes in se. » Et continuo ita sanus surrexit,
quatinus numquam claudus fuisset.

9. Quædam mulier filium habens paraliticum, ad virum
Dei veniens, postulavit ut domum ejus veniret filiumque
suum visitaret et sanitatem a Domino ei impetraret. Tunc
beatus Dei servus ait illi : « Nos enim peccatores sumus ;
hoc miraculum in usum non habemus ; sed si sanitatem filii
tui requiris, ad sanctæ Brigidæ sepulchrum perduc eum.
Credo, per Dei misericordiam, quia ibi meritis sanctæ virginis recepturus est sanitatem. » At illa respondens dixit :
« Ibi, pater, eum jam portavi, et dum quadam nocte vigilias
fecissem paululum obdormivi, et in somnis vocem michi
dicentem audivi : In silva quæ Nectensis dicitur moratur

servus Dei Ethbinus; si ad eum filium tuum duxeris, sanitatem suis meritis adquireris. Et vivit Dominus, quia de te non rediero usque filium meum incolumem ante te reduxero. » Tunc [**Fol 139 v°**] beatus Ehtbinus, oratorium intrans, tantum in oratione ante altare jacuit quousque puer, a domo matris veniens, beato viro diceret : « Gratias tibi ago, pater, qui me in lecto egritudinis jacentem visitasti et tuis manibus erexisti et sanitatem donasti. » Erigens se beatus Ethbinus benedixit Dominum, qui in sanctis suis dignatus est operari mirabilia : « Vide, inquit, frater, nemini dicas, quia non meis meritis, sed gratia Dei sanitatis gloriam accepisti.

10. Vixit autem beatus Ethbinus in eodem loco viginti annis, operans opus Dei, donans sanitates infirmantibus. Tantæque abstinentiæ fuit ibi beatus Ethbinus, ut in ebdomada cibus non intraret in eo, nisi solum in quinta feria panis et aqua. Vinum in eodem loco non bibit, nisi tantummodo quando se communicabat. Igitur, cum jam ferme octoginta et trium esset annorum, [**Fol. 140**] acri cepit dolore fatigari, convocatisque fratribus qui in eadem silva morabantur obitum suum predixit dicens : « Cunctipotenti Domino, fratres, vos commendo, qui presens est in cunctis necessitatibus. Me autem ad presens corpore moriturum scitote, et in dexteram partem altaris hujus me ponite, sacrasque hostias super ipsum pro remissione meorum peccatorum offerte. » Ita pacificatis omnibus, ante altare spiritum reddidit XIIII Kal. Novembris. Sepultus est autem in eodem loco ubi jusserat honorifice : ubi, Domino largiente, fiunt miracula ad laudem et honorem nominis Dei, cujus est honor et gloria, virtus et potestas per infinita seculorum secula. Amen.

Explicit vita sancti Ehtbini confessoris Christi.

MONASTERII LANDEVENECENSIS CHARTÆ

I

[Series abbatum.]

[Fol. 140 v°] SANCTVS VVINGVALOEVS. .	I	
SANCTVS GVENHAEL.	II	
Matmunuc.	III	
Segneu.	IIII	
Aelam.	V	5
Gurdistin.	VI	
Benedic.	VII	
Gurdilec.	VIII	
Iohan.	IX	
Clemens.	X	10
Clemens.	XI	
Clemens.	XII	
Iohan.	XIII	
Gulohet.	XIIII	
Cadnou.	XV	15
Blenliuet.	XVI	

	Elisuc in M.XL°.VII°. anno.	XVII
	Kyllai.	[XVIII]
	Justinus.	[XIX]
	Guilhelmus.	[XX]
5	Lancelinus.	XXI
	Orscandus.	XXII

Elmarius M.C^{mo}.XL^{mo}.II. anno.

Gradlonus.

Riuuallonus.

10   Gradlonus, de plebe Sancti Enegvorii de pago Cap Cauall.

Iacobus.

Riualonus M°.CC.XVIII.

Tadic anno Domini M°.CC° quadragesimo.

Riuallonus de Ploemergat.

15   Riuallonus de Treles.

Bernardus.

Riocus abbas istius loci, de plebe Sancti Enegvori de pago Cap Cauall.

Johannes dictus Porcus.

20   Eudo Gormon, de Leonia.

Alanus Piezresii, qui obiit Auinione.

Armaelus de Villa Nova apud Languern.

Alanus de Doulas, qui obiit anno Domini M°.[CCC.]LXXI°, cujus anima requiescat in pace. Amen.

25   Hic desunt multi usque ad Joannem Brient, factum abbatem anno 1604, magnum archidiaconum Cornubiæ et rectorem de Crauzon, doctorem in utroque jure.

II

[Fol. 141] Post ammirabile generis humani commercium, quó de antiqui facinoris fece mundatum est; post ignitas linguarum coruscationes de cælo emissas quibus novus cum rudi fonte imbueretur cuneus, ita ut quod ignis doctrinæ contingeret baptismatis unda dilueret : ita etiam et Dominus Jhesus Christus nobis transmisit sanctum Guingualoeum, de insula Thopopegia pergentem siccis pedibus cum undecim fratribus per profundum pelagus, quousque Cornubiam deveniret. Sed statim ex quo ille amabilissimus venit, sicca rupis aquæ jussa est fundere eidem sancto fontem Guingualoeo. Illo vero rogante, non modicum fecit inundare. His et aliis virtutibus ejus plurimis factis atque manifestatis ibidem nutu Dei enituit, scilicet cæcos illuminavit, surdos audire fecit, mutos loqui, [**Fol. 141 v°**] claudos sanavit, paraliticos curavit, leprosos mundavit, trium mortuorum suscitator magnificus fuit, et rudes fontes inundare fecit, sicut in primo libro de Vita ejus scripto nuper edidimus atque caraximus. Sed non post multum tempus sanctus Uuingualoeus iter edidit ad fratrem suum Ediunetum, qüi morabatur in quendam montaneum qui vocatur Nin, serviens Deo die noctuque super ripam fluminis quod vocatur Hamn. Et ille sanctus Dei Ædiunetus occurrit sancto Uuingualoæo videns eum venientem ad sé, et seipsum sancto Dei commendavit, id est, corpus et animam et spiritum et omnia quæ habebat, et terras quas Gradlonus rex sibi dedit, id est, tribum Dinan, tribum Cunhin, Caer Choc, Lan Iuncat, dimidiam partem Gumenech. Hæc omnia in dicumbitione [**Fol. 142**] sancto VVingualoeo tradidit coram multis testibus. Et ibi remansit sanctus Dei tribus diebus cum sancto Ediuneto. Loquebantur de regno cælesti. Et postea reversus est sanctus Dei ad locum suum cum quinque monachis religiosissimis, optimis viris.

III

DE CONLOQVIO GRADLONI APVT SANCTVM WINGVALOEVM PRIMO.

Ego Gradlonus, gratia Dei rex Britonum nec non et ex parte Francorum, cupiebam videre sanctum Dei Uuingualocum ex multis temporibus; idcirco obvius fui illi per viam in loco qui vocatur Pulcaruan. Et ideo do et concedo de mea propria
5 hereditate sancto VVinvvaloeo, in dicumbitione, et ut mercarer cælestia regna et ejus preces assiduas pro anima mea atque pro animabus parentum meorum sive vivorum atque defunctorum, nec non et eorum qui futuri erunt.

IV

[Fol. 142 v°] DE TRIBV CARVAN.

Et ideo innotescere cupio per istas litterulas quid volo illi
10 dare coram multis testibus Cornubiensibus nobilissimis et fidelibus, id est tribum Caruan, XIIII villas;

V

DE INSVLA SEIDHUN.

Et insulam quæ vocata est insula Seidhun, cum omnibus ei apendiciis, in dicumbitione æterna;

VI

DE TRIBV PEDRAN.

Tribum Petrani, XXX villas, in dicumbitione æterna;

VII

DE TRIBV CLECHER. DE PLEBE ARCHOL. DE PLEBE TELCHRVC.

Tribum Clecher, XIII villas, et omnem plebem Arcol, a mare usque ad mare, et omnem plebem Telchruc, excepto Lanloebon, in dicumbitione æterna;

VIII

DE PLEBE CRAVTHON.

Terciam partem plueu Crauton in æternam hereditatem, Aluarpren in dicumbitionem æternam, Lanloetgued in æternam dicumbitionem.

Ecce ego Gradlonus, gratia Dei rex, do sancto [Fol. 143] VVingualoæo terciam partem plueu Crauthon ejusque æcclesiam in dicumbitione æterna.

IX

Tres filii Catmagli, inique agentes, venerunt nocte ad locum sancti Uuingualoæi, et ibi rapinam fecerunt quasi lupi rapaces. Modo autem per virtutem sancti Dei cælebites sunt. Et ideo tradiderunt hereditatem suam sancto VVingualoæo in æternam hereditatem. Ego Gradlonus hoc affirmo, Roscat-magli in dicumbitione æterna sancto Uuingualoæo.

X

Hæc memoria retinet quod emit Gradlonus Eneshir atque Rachenes, Caerbalauan, nec non et Ros Serechin, de auro atque argento quod accepit filii regis Francorum; et postea tradidit sancto Uuingualoæo in dicumbitione Tref Pulcrauthon, Tref Lés, Morcat, Sent Uurguestle, Bois, Les Rattenuc, Labou Hether, Lan Cun, Tref Cun.

XI

Hæc litteræ narrant quod ego Gradlonus [**Fol. 143 v°**] iterum do sancto Uuingualoæo dimidiam partem Tref Hirgard, Tref Caruthou, Guern Pen Duan, IIIes villas; Lan Tnou Miou, Lan Gun, Caer Gurcheneu, Les Tnou, IIII^{or} villas; Caer Gurannet, Les Cletin, dimidiam partem Caer Beat, Ti Ritoch Han Silin, Tref Limunoc, Caerpont, Tref Pul Dengel, Sent Rioc, dimidiam partem Ros Tuder, Solt Hinuarn, Caer Truu, in dicumbitione.

XII

DE TRIBU UUILERMEÆN.

Et iterum hæc memoria retinet quod emit sanctus Uuiconus quandam tribum in vicaria quæ vocatur Trechoruus, nomine Tres Uuilermeaen, Lan Hoiarnuc, ex quinque libris aureis preciosissimis a Gradlono rege in perhennem hereditatem, et tradidit sancto Uuingualoæo pro anima sua. Ego Gradlonus hoc affirmo in dicumbitione.

XIII

De tribu Lan Trefharthoc.

[**Fol. 144**] Sub eodem tempore emit Harthuc transmarinus quandam tribum, XXII villas, in plebe quæ vocatur Brithiac, per CCC^{tos} solidos argenteos, in æternam hereditatem a Gradlono, rege Britonum. Et ille non habebat filios neque parentes nisi tantum seipsum solum, et ideo se ipsum commendavit predicto regi atque omnia sua. Sed tamen, dum ille defunctus esset, ego Gradlonus accepi ipsam terram quæ vocata est Tref Harthoc, cum omnibus ei apendiciis, pratis, silvis, aquis, cultis et incultis; sancto Uuingualoeo in dicumbitione do et affirmo propter sepulturam meam atque pretium sepulchri mei.

XIV

De tribv qvi svnt in Brithiac.

Rursus sub eodem hujus temporis articulo, hæ litteræ narrant quod mortuus est filius meus amantissimus Riuelenus, et ego ideo Gradlonus gratia Dei rex do et concedo [**Fol. 144 v°**] in dicumbitione sancto VVingualoeo pro anima ejus atque sepultura illius, id est, tribus tres de mea propria hereditate quæ vocatur Guodmochus; Tref Les, VII villas, Solt Gneuer, Tref Budgual, Tref Marchoc, VII villas, Caer Gurhouen, Penn Hischin, Busitt, Lan Hoedleian, Chnech

Crasuc, Sulian, Lisi, An Laedti, Ludre Sirfic, Caer Deuc, Bot Tahauc, Tref Cann, VII villas, et unum scripulum terræ in Moelian. Hæc omnia do sancto Uuingualoeo pro anima ejus Riuelen, in dicumbitione æterna. Amen.

XV

De tribu Herpritt et Lanberthvuauld.

Eodem quoque tempore erat quidam vir sanctus Dei nomine Berduualt, qui et seipsum commendavit et omnia sua, id est, Lan Herprit et locum qui vocatur Lan Bertuualt, cum omnibus ei apendiciis, sancto Uuingualoæo in dicumbitione. [Fol. 145] Ego Gradlonus, nutu Dei rex, hoc affirmo in dicumbitione.

XVI

De Lan Ritian.

Hæ literæ narrant quod ego Gradlonus do de mea propria hereditate scripulum terræ viro Dei sancto Tanuoud, Tnou Mern, pro redemptione animæ meæ, in æternam hereditatem; et ille postea commendavit seipsum sancto Uuingualoæo cum omnibus sanctis. Ego Gradlonus hoc affirmo in dicumbitione.

XVII

Et iterum hæc memoria retinet quod quidam vir nobilis nomine Cunianus tradidit subjectionem atque ælemosinam de sua propria hereditate, id est, tria vicaria Uuoeduc, Luhan, Buduc, sancto Uuingualoæo, XXVII modios frumenti unoquoque anno usque Lanteguennoc. Ego Gradlonus hoc [**Fol. 145 v°**] affirmo in nomine Dei summi.

XVIII

DE LAN TREFMAËL.

Ita etiam, sub eodem tempore, quidam vir indolis nomine Uurmeini tradidit suam propriam hereditatem sancto Uuingualoæo pro redemptione animæ suæ ejusque parentum post se in æternam hereditatem, id est, Tref Ardian, Ros Guroc, Buorht, Pen Carhent, Tref Tocoban, Ros Riuuen, Tref Rinou, Lan Tref Mael, Caer Poeth, Caer Uuern, cum omnibus ei apendiciis, cultis et incultis, in dicumbitione. Ego Gradlonus hoc affirmo in dicumbitione æterna. Amen.

XIX

DE TRIBV VVINVVIRI.

Ego Gradlonus do sancto Uuingualoæo quandam tribum Uuinguiri in plebe Niuliac, in Gururcæn Lan Sent, in Lan Chunuett Les Radenuc, in Rioc Lan Preden V villas, Loc Iunguorett, [**Fol. 146**] V villas, in Neuued Lantutocan, Lansonett in plebe Treguenc, Locum sancti Uuingualoæi in Buduc, V villas.

XX

DE TRIBV LAN SENT.

Item, tunc quidam vir nomine Uuarhenus erat vir nobilis

et auctor atque pincerna regis Gradloni. In cujus domo erat Gradlonus, rex Britonum, quando venerunt nuntii regis Francorum nomine [Karolus Magnus] ad illum. Tres nuntii fuerunt, hæc sunt nomina illorum : Florentius, Medardus, Philibertus, tres sancti Dei religiosissimi, a Deo electi atque prenominati ut nuntii essent ad Gradlonum, ut deprecarentur illum, propter Deum omnipotentem et Filium et Spiritum Sanctum et christianitatem et baptismum, ut citius veniret adjuvare obprobrium Francorum et captivitatem et miseriam [Fol. 146 v°] eorum, quia virtus illi erat a Deo data ut deleret genus paganorum per gladium Domini. Et vota voverunt illi XIIII civitates in terram Francorum, et hoc illi juraverunt jussione regis. Et ille spopondit ire, propter jurationem illorum quod sibi juraverunt in æternam hereditatem et semini suo. Idcirco erant ibi sanctus Chourentinus isdemque sanctus Uuinuualoæus ad conloquium regis atque in concilio. Ego Uuarhenus, vir timens Deum, commendo meipsum sancto Uinuualoæo cum omnibus meis, id est, corpus meum et animam meam et spiritum atque hereditatem, coram his testibus supradictis. Ego Gradlonus rex sancto Uuingualoæo hoc affirmo in dicumbitione æterna. Amen. [Fol. 147] Et qui frangere aut minuere voluerit, a Deo cæli sit maledictus et dampnatus. Amen.

XXI

De Lan Rioc.

Hæc memoria retinet quod sanctus Riocus, cujus mater per virtutem sancti Uuingualoæi suscitata fuit a mortuis, omnem hereditatem sibi separatam ab omnibus parentibus spetialiter Deo et sancto Uuingualoæo obtulit, in monachiam perpetuam. Idcirco seipsum commendavit sancto Uingualoeo cum omnibus suis, atque propriam hereditatem in æternam possessionem. Ego Gradlonus gratia Dei rex affirmo in Dei nomine in dicumbitione sancto Uuingualoæo pro anima mea, et qui minuere aut frangere voluerit a Deo sit maledictus et dampnatus. Amen.

XXII

DE LAN RATIAN.

Hæ litteræ narrant quod ego Gradlonus [**Fol. 147 v°**] rex tradidi de mea propria hereditate sancto Dei Ratiano quandam tribum in Scathr, Ti Fentu, Bot Frisunin, atque terram quæ vocata est Lan Ratian, id est duodecim scripulos terræ; Tili Meuuer, Sent Iglur, Pencoett, in vicaria quæ vocatur Choroe; et Penn Guern in plebe Turch, in hereditatem æternam. Sed isdem sanctus Ratianus propter cladem suæ gentis deprecatus est Deum et sanctum Uuingualoeum, et sicut in aliis locis multis, ita et nunc exaudivit illum Dominus, quando custodivit locum ejus a supradicta mortalitate. Et ideo seipsum commendavit sancto Uuingualoeo cum omnibus suis. Ego Gradlonus hoc affirmo in dicumbitione in æterna possessione. Amen.

XXIII

DE TIRIFRECHAN.

Ego Gradlonus rex veni usque Lanteguennoc ad sanctum . . . .

XXIII bis

. . . .

[**Fol. 148**] anni Domini... CCCC... Indictiones X concurrentes VII. Terminus paschalis... VIII. Kal. Aprilis.

XXIV

DE ÆCCLESIA SANCTUS.

In nomine Dei summi et amore regis superni, qui de Virgine dignatus nasci pro redemptione generis humani. Quidam vir indolis, clericus, moribus ornatus, stemate regalium ortus, nomine Hepuuou, filius Riuelen atque Ruantrec, qui cuncta despiciens terrena, modis omnibus cupiens adipisci cælestia, tradidit de sua propria hereditate sancto Uuingoaloæo æcclesiam Sanctus, spetialiter sibi a cunctis parentibus atque fratribus inclitis. Et idcirco ego Hepuuou confiteor [**Fol. 148 v°**] hodie coram Deo primitus et coram altare sancti Uuingualoei atque coram domino abbate Benedicto et coram istis monachis qui in circuitu meo sunt, quod ego comparavi ipsam æclesiam Sanetus a fratribus meis de auro atque argento et caballis optimis; nec non et aliam terram meam propriam hereditatem dedi eis, ut esset michi specialiter in æternam hereditatem a cunctis fratribus meis, coram multis testibus Cornubiensibus nobilissimis : Uurmaelon, comes Cornubiæ; Huaruuethen, episcopo Sancti Chourentini; Benedicto, abbate Sancti Uuingualoæi; Uruoet, abbate Sancti Tutguali, atque aliis plurimis fidelibus. Et idcirco ego Hepuuou do et concedo predictam [**Fol. 149**] æcclesiam hodie sancto Uuingualoæo in dicumbitione atque in æterna heredidate, pro anima mea atque pro animabus parentum meorum sive vivorum atque defunctorum, ut ex rebus transitoriis, purgatis squaloribus facinorum, vera dispensatione supernæ pietatis regna mercarer gaudiflua soliditate perpetuitatis sancti Uuingualoœi precibus assiduis. Et si aliquis temerarius fuerit qui hanc scriptionem frangere temptaverit, sciat se alienum fore a liminibus sanctæ Dei æcclesiæ, et partem ejus cum Dathan et Abiron quos terra deglutivit, nec non et cum Juda et Pilato qui Dominum crucifixerunt. Terra sancta cymiterii non recipiat eum, et filii [Fol. 149 v°] ejus orfani sint, et uxor vidua. Hoc peractum est in castello Monsteriolo, in die dominico, in claustro Sancti Uuingualoei, coram multis testibus : Haelchodus comes, ejusque filius Herleuuinus, testes; Benedic abbas, testis; Ridetuuet prepositus, testis; Martinus decanus, testis; Caraduc monachus, testis; Clemens monachus, testis; Uuethenoc monachus, testis; Heuchomarch monachus, testis; Retchar, monachus testis; Daniel monachus, testis; Catuuaran monachus, testis; Iohann monachus, testis; Loesguoret monachus, testis; Domin monachus, testis; Dereic laicus, testis; Hethmeren laicus, testis; Hoelechet laicus, et alii multi idonei, qui viderunt et audierunt sicut scriptum est. Et qui bene conservaverit [Fol. 150] a Deo cæli benedictus sit. Et quicunque frangere vel minuere voluerit aut prohibere, anathema sit in die judicii coram Deo et angelis ejus. Amen.

Anno DCCCC^{to}.L.IIII. Incarnationis Domini nostri Ihesu Christi. Epactæ XXV, indictiones III, concurrentes VII, terminus pascalis IIII° Idus Aprilis; in V^a feria pridie Idus Augusti, luna ipsius diei VII^a, annus embolismus.

XXV

DE BAHT VVENRANN.

In nomine sanctæ Trinitatis et unicæ Deitatis, divina concedente clementia, Alanus dux Britonum, videns sanctum corpus Uuingualoei exul a patria peregrinaturumque in aliena hostium crudelium perturbationis causa, et reminiscens Iohannis evangelistæ verba : « Quicunque viderit fratrem suum necessitatem [**Fol. 150 v°**] habere et clauserit viscera sua ab eo, quomodo caritas Dei manet in eo? » verbaque sancti Evangelii : « Quod uni ex minimis meis fecistis, michi fecistis, » et : « Qui vos spernit me contempnit, » et : « Qui dat pauperi feneratur Deo, tribuensque parvum in hoc seculo comparat regnum æternum in futuro : » his et aliis verbis mente timente, solidaque in Deo perscrutans omni intentione, dispensatione regis superni suique miseratione : et idcirco Alanus, nutu Dei dux, qui cuncta despiciens terrena, modis omnibus cupiens adipisci cælestia, tradidit de sua propria hereditate sancto Uuingualoæo ejusque abbati Iohanni, quia vocavit illum infra mare atque invitavit, et jusjurandum juraverunt ejus fideles illi antequam venisset, hi sunt, [**Fol. 151**] Amalgod atque Uuethenoc, super altare sancti Petri apostoli, et iste Iohannes satisfactione deservivit inter barbaros plurimaque inter genera Saxonum atque Normanorum, et necessariam multis vicibus assiduis pacemque trans mare atque infra mare, ad gaudium nostrum nuntiavit. Et ideo propria jussit eum ordinare ad abbaticium supradicti sancti; addidit quoque sancto Uuingualoeo de sua propria hereditate, sicut supra diximus, specialiter sibi a cunctis parentibus inclitis, id est, monasterium sancti Medardi ejusque terram, IIII^{or}

miliaria in longitudine, in latitudine duo miliaria, cum silvis et aquis et pratis, terrisque cultis et incultis, et omnibus ei apendiciis; [**Fol. 151 v°**] et æcclesiam Sanctæ Crucis, intus urbe, cum omnibus ejus apendiciis, atque æclesiam sancti Cyrici extra civitatem; ejusdemque sancti æclesiam, omnemque insulam quæ nominatur Bath Uuenran, cum omnibus ei apendiciis et dimidium unius vicariæ quæ nominatur Sulsæ, sita in pago Namnetensium, quinque miliario distans ab urbe, ejusque æclesiæ dimidium cum omnibus ei apendiciis; ita etiam decimas vini sui et duas partes decimarum piscium et XX modios salis de teloneo vel censu suo, atque modios XX tritici, decimasque numorum assidue et teloneum vel censum salis liberum, unoquoque anno, prefato sancto Uuingualoæo ejusque abbati Iohanni in dicumbitione atque in hereditate perpetua, pro stabilitate regni [**Fol. 152**] et pro redemptione animæ suæ, sive pro longevitate filiorum suorum atque pro animabus parentum suorum, sive vivorum atque defunctorum. Ista misericordia facta, meditans more sapientis ventura, jussit hanc privilegionem facere, ut si aliqui venturi sint (quod minime credimus) qui hanc scriptionem voluerint frangere aut violare, sciant alienos se fore a cunctis liminibus sanctæ Dei æclesiæ, et sit pars eorum cum Dathan et Abiron quos terra deglutivit, nec [non] cum Iuda et Pilato qui Dominum crucifixerunt. Terra sancta eos cymiterii non recipiat, et filii eorum orfani et uxores eorum viduæ. Hi sunt testes qui audierunt et viderunt hæc omnia : Alan dux, Iudhæel comes, Iuthouen archiepiscopus, Hedrenn episcopus, Blenliuett episcopus, [**Fol. 152 v°**] Houuel comes, Vuerec, Nuuenoæ, Saluator episcopus, Iestin vicecomes, Diles vicecomes, Pritient, Uuethenoc, Amalgod, Amhedr, Chenmarchoc, Nut, Huon, Moysen, et alii plurimi fideles, qui viderunt et audierunt testimonium sicut scriptum est. Et qui frangere aut minuere voluerit, ira Dei incurrat super eum et anathema sit. Amen.

Post obitum Alani, ego Tetbaldus, nutu Dei comes, hoc idem affirmo sicut supra dictum est.

Ego Joseph, Toronensia urbe pastor, hoc affirmo.

Ego Fulcun, gratia Dei comes, ita etiam hoc affirmo in tantum ut michi pertinet, sicut supra scriptum est.

Alanus dux jussit Hedrenno episcopo construere hanc cartam, [**Fol. 153**] et dedit sancto Uuingualoeo ejusque abbati Iohanni, sicut supra diximus, in dicumbitione æterna. Et qui hoc frangere presumpserit, ira Dei et sanctorum offensa incurrat super eum in presenti seculo, et insuper in futuro ante tribunal Christi rationem reddat. Amen.

XXVI

DE PLEBE HAMVC. DE INSVLA THOPOPEGIA.

Ego Gradlonus, nutu Dei rex, cum audirem quosdam christicolas habitantes in insula Thopopegya, per fidelem nuncium meum do sancto Uuingualoeo suisque condiscipulis secum Deo servientibus prefatam insulam Thopopegyam, Lan Meren et Silin, et vineam, in dicumbitione perpetua, usque ad petram quæ dicitur Padrun sancti Uuingualoei, in qua sculptum est signum sanctæ crucis, Chei Chnech Samsun, Rann Rett, Rann Ret Ian, dimidiam partem Caer Liver, Tnou Melin. Caer Mel, [**Fol. 153 v°**] Diri Muur, Lan Uoæ, Gulet Iau, Penn Ros, in dicumbitione æterna. Amen.

XXVII

De plebe Castello.

Hæ litteræ servant quod quidam vir nobilis, Eucat nomine, emerat sibi hereditatem pretio multo, quæ dicta est Ros Eucat. Cum autem teneret eam sine tributo et censu alicui homini, dedit unam villam nomine Lan Eluri sancto Uuingualoeo in dicumbitione æterna. Amen.

XXVIII

De eadem.

Erat nobilis quidam transmarinis parentibus et locuplex nimis rebus, nomine Rett, qui emptam sibi habebat possessionem, quam nominavit proprio vocabulo Talar Rett. Et postea, volens aput Deum habere intercessorem, dedit sancto Uuingualoeo unum sestarium frumenti et unum cabonem et duo casca de unaquaque domo ipsius possessionis in [Fol. 154] unoquoque anno, in pridie Nativitatis Domini, usque in Lanteuuennuc, pro redemptione suæ animæ et in sepultura sua parentumque suorum istud debitum solventium.

XXIX

De plebe Ermeliac.

Fuerunt duo ex discipulis sancti Uuingualoei in pago Enfou in ploe Ermeliac, nomina eorum sanctus Biabilius et sanctus Martinus, jussu abbatis sui degentes vitam heremiticam, et in finem claris miraculis sancti effecti. Quorum possessio fuit duo Ros Meuur, An Cloedou, Caer Cunan, Ros Maeloc.

XXX

DE PLEBE ROS LOHEN ET INSULA TERENES.

Insulam que dicitur Dant Enes, id est Terenes, eo quod Maeluc Dant Hir, pater Pritient Liusuc, dedit sancto Uuingualoeo, quando eum liberavit ab infirmitate dentis sui horrenda : cujus divisio insulæ a mare est usque ad mare absque ullo umquam herede [**Fol. 154 v°**] in æterna possessione, Laedti Guolchti, Aethurec Rethcar, et terciam partem æclesiæ Lan Coett, V villas, Castell, III villas.

XXXI

DE PLEIBEN.

Sepultura Pritient Blehuc, Lechuc, dimidiam partem Caer Restou, et ipse dederat istam Caer Restou.

XXXII

DE EADEM.

Sepultura Pritienti, patris Mormani, Caer Tanett.

XXXIII

De eadem.

Harn Meini dedit Emnuc, Busitt Sent Uuarhen, Lan Uuethnoc.

XXXIV

De Bratberth.

Rudheder Carrent Luphant.

XXXV

De Cvmmanna.

Caer Niuguinen, Caer Thnou.

XXXV bis

In plebe Berrivn.

Caer Budian, Tref Gellan, VI villas.

XXXVI

De villa Thnov Svlcat.

Hic narratur quod Uuenlouen, filia Edmeren et filia Uuenruant, [**Fol. 155**] cupiebat ex multis temporibus videre

locum sancti Uuingualoæi qui vocatur Lanteuuennoc. Vidit et introivit, et idcirco dedit unam villam ex quo in æcclesia, super altare sancti Uuingualoei, pro anima sua atque pro animabus parentum ejus sive vivorum atque defunctorum,
5 quæ vocatur Thnou Sulcat, sancto Uuingualoæo in dicumbitione atque in æterna hereditate, pro Dei amore, coram multis testibus. Et qui frangere aut minuere voluerit, maledictus sit a Deo atque ab angelis ejus; et qui bene conservaverit hanc donationem, benedictio Domini super eum sit.
10 Amen.

Ego Budic, comes Cornubiensis, hoc affirmo sancto Guinuualoeo, et quod michi pertinet liberum sit. Amen.

XXXVII

De villa Lancolvett.

[Fol. 155 v°] Hæ litteræ conservant quod, cum transiret sanctus Uuingualoeus per Domnonicas partes et venisset trans
15 flumen Coulut, tendens ad occidentem partem, deprecabantur ut imponeret manum cuidam languido illorum. Quem statim sanavit aqua sanctificata, ex fonte quem illico dederat illi Dominus. Illi vero dederunt ei locum, ubi postea monasteriolum fecerunt fratres in honore sancti Uuingualoei. Divisio
20 istius possessiunculæ est a mare usque ad mare, sicut nobiles heredes diviserunt : ita tamen ut in loco eodem agatur opus divinum sub cura et subjectione abbatis loci sancti Uuingualoei.

XXXVIII

DE TRIBV LAN VVIVRETT.

Hæc memoria retinet quod felix et nobilis comes, Euuenus nomine, dedit sancto Uuingualoeo tribum quandam nomine Lan sancti [**Fol. 156**] Uuuiuureti, XII villas, cum omni debito et decima et omnibus ei apendiciis, Laedti superior et Laedti inferior, Caer Guingualtuc, cujus divisio est usque ad flumen Helorn; Caer Menedech, divisio ejus est ad occasum; Rodoed Carn, id est Vadum Corneum, divisio ad orientem, et ruga quæ pergit contra meridiem.

XXXIX

DE TRIBV LANRIVVOROE.

Hæc descriptio declarat quod sanctus Morbretus habuit colloquium aput sanctum Uuingualoeum, cui et seipsum et beneficium, quod eidem sancto Morbreto dedit Euenus comes qui dictus est Magnus, et omnia quæ habuit, perpetualiter, ut illum aput Deum haberet intercessorem, commendavit, quia illius nomen illis diebus cælebre habebatur. Quod beneficium dicitur Lan Riuuole, cum omni debito et decima et omnibus ei apendiciis : [**Fol. 156 v°**] Languenoc, hereditas sancti Uuenhaeli qui primus post sanctum Uuingualoeum abbas fuit; Lan Decheuc, Caer Tan, Ran Maes, Caer Galueu, super flumen Helorn.

Anno DCCCC^{li} L.V. Incarnationis Domini nostri Ihesu Christi, æpacte XXV, indictiones III, concurrentes VII, terminus paschalis IIII^to Idus Aprilis, in VII^a feria pridie Kal. Aprilis, luna IIII^a, annus embolismus.

XL

De tribv Nevved.

In nomine Dei summi et amore regis superni qui de Virgine dignatus nasci pro redemptione generis humani. Quidam
5 vir indolis, moribus ornatus, stemate regalium ortus, nomine Moysen, qui cuncta despiciens terrena, modis omnibus cupiens adipisci cælestia, tradidit de sua propria hereditate sancto [**Fol. 157**] Uingualoeo spetialiter sibi a cunctis parentibus inclitis, nomine Tref Neuued, cum silvis et pratis,
10 terrisque cultis et incultis, et omnibus ei apendiciis, sitam in pago Brouuerec, in vicaria Carantor, sancto Uinuualoæo in dicumbitione atque in hereditate perpetua, pro stabilitate regni et longevitate vitæ, magisque pro redemptione animæ, ut ex rebus transitoriis, purgatis squaloribus facinorum, vera dispen-
15 satione supernæ pietatis, regna mercaret gaudiflua soliditate perpetuitatis, sancti Uingualoei precibus assiduis. Et si aliquis temerarius fuerit qui hanc scriptionem infrangere temptaverit, sciat se alienum fore a liminibus sanctæ Dei æclesiæ, et pars ejus cum Dathan et Abiron quos terra deglutivit, nec
20 non [**Fol. 157 v°**] cum Iuda et Pilato qui Dominum crucifixerunt. Terra sancta et cymiterii non recipiant, et filii eorum orfani et uxores viduæ. Hoc peractum est coram multis testibus in Namnetica civitate, sicut supra diximus, Deo opitulante, eodemque Judhael comite affirmante. N. signum Numinoæ
25 comitis. Signum Hedren episcopi. Signum Jestin vicecomitis. Signum Filii. Signum Uuethenoc. Signum Rotberth. Signum Clemens.

XLI

De tribv Live Bvsitt cvm svis terminis.

Ista presens carta indicat quod sanctus Conocanus confessor cum sancto Uuingualoeo habuit colloquium spiritale de salute animæ, et postea commendavit seipsum ei et omnia que habebat, scilicet totam illam possessiunculam quam a rege Hyliberto jamdudum prisco tempore sibi in dicumbitione æterna acceperat, [**Fol. 158**] cum omni debito et decima et omnibus ei apendiciis super flumen Helorn, sicut divisio illius possessionis declarat per circuitum : a meridie, ultra predictum flumen; ab Aquilone, apprehendit aliam possessiunculam quæ dicitur Langurdeluu et totum usque ad illam; ab Oriente, ultra rivulum nomine Pene usque ad visionem claustri sancti Huardon; ab occidente, ultra rivulum super quem monachi, postquam adduxerunt per claustra, fecerunt sibi molendinum. Istum pactum ita affirmaverunt sanctus Uuingualocus et sanctus Conocanus in eodem loco, ut ibidem semper esset coadunatio fratrum spiritalium, quantum sufficeret secundum possibilitatem loci, sicut postularet tempus aut res, sub cura et precepto abbatis monasterii sancti Uuingualoei perpetualiter. Sanctus itaque Conocanus, [**Fol. 158 v°**] confessor Domini fidelissimus, monasterium suum construxit ædificationibus, officinis, claustris, munitionibus largis, æternaliter, sine aliquo herede infra omnes munitiones neque intus omnia claustra.

Lan Loesuc cum omni debito, excepta tercia parte decimæ, in dicumbitione perpetua, cum tributum est tres solidos per singulos annos; Caer Scauuen, Machoer Pull Bud Mael.

XLII

De plebe Dinevle.

In nomine Dei summi et amore regis superni qui de Virgine dignatus nasci pro redemptione generis humani. Ego quedam mulier indolis, moribus ornata, stemate regalium orga, nomine Iunargant, quæ cuncta despicio terrena, modis omnibus cupio adipisci cælestia, do et concedo de mea [**Fol. 159**] propria hereditate sancto Uuingualoeo spetialiter michi a cunctis parentibus inclitis quandam plebem nomine Dineule, cum silvis et aquis, pratis terrisque cultis et incultis et omnibus ei apendiciis, sancto Uuingualoæo in dicumbitione æterna in hereditate perpetua, pro stabilitate regni et longevitate vitæ meæ, magisque pro redemptione animæ, ut ex rebus transitoriis, purgatis squaloribus facinorum, vera dispensatione supernæ pietatis regna mercarer gaudiflua soliditate perpetuitatis, sancti Uuingualoei precibus assiduis. Et si aliquis temerarius fuerit qui hanc scriptionem frangere temptaverit, sciat se alienum fore a liminibus sanctæ Dei æcclesiæ, et pars ejus cum Dathan et Abyron nec non cum Iuda et Pilato, qui Dominum crucifixerunt. Terra sancta [**Fol. 159 v°**] cymiterii non recipiant, et filii eorum orfani et uxores viduæ. Signum Budic comitis. Signum Salvator episcopi. Signum Alfrett archidiaconi. Signum Alfrett, fratris comitis; Agustin presbiteri; Bidian, Saluten, Urfer, Heianguethen, Gurcar, Guethencar, Daniel, et aliorum plurimorum fidelium testium.

XLIII

DE VILLIS QVAS DEDIT DILES VICECOMES.

In nomine Dei summi et amore regis superni, qui de Virgine dignatus nasci pro redemptione generis humani. Quidam vir nobilis, moribus ornatus, stemate regalium ortus, nomine Diles, qui cuncta despiciens terrena, modis omnibus cupiens adipisci cælestia, tradidit, de sua propria hereditate sancto Uuingualoeo spetialiter sibi a cunctis parentibus [Fol. 160] inclitis, Caer Meluc, Caer Meneuc, Cnech Uuenuc, Caer Blechion, sita in vicario Plueu Eneuur, Tnou Laian, Caer Carian Hæ Silin, dimidiam partem Silin Guenn; in Buduc Les Buduc, Caer Bili, Caer Pilau, Caher Mehin, Caer scoeu; in Pumurit, molina Corram cum scripulo terræ, Duur Ti, Tref Cunhour in pago Fuenant. Ego Diles hæc omnia do et concedo sancto Uuingualoeo in dicumbitione atque in hereditate perpetua, pro redemptione animæ meæ. Et qui frangere aut minuere voluerit hanc meam donationem et elemosinam, anathema sit in die judicii coram Deo et angelis ejus, nisi digna satisfactione emendare voluerit. Amen.

XLIV

De villa VVrican.

[Fol. 160 v°] Hæ literæ narrant quod Alarun dedit unam villam sancto Uuingualoeo, pro anima sua, in dicumbitione atque in hereditate perpetua, id est, Caer Uurican, quæ accepit in ditatione, id est *enep guerth*, a viro suo Diles, filio Alfrett. Et idcirco æternaliter hoc permaneat quandiu christiana fides in terra servabitur. Et qui frangere aut minuere voluerit, sciat se alienum fore a liminibus sanctæ Dei æclesiæ, et pars ejus cum Dathan et Abyron, et ira Dei incurrat super eum hic et in futuro. Amen.

XLV

De villis qvas dedit Bvdic comes.

Hæc memoria retinet quod Budic comes cæcidit in infirmitatem; febrium pondere jacebat premature, patiebatur valde. Et idcirco perrexit quousque Lanteuuennoc adorare sanctum Uuingualoeum, [**Fol. 161**] et ibidem per virtutem beati Uuingualoci accepit sanitatem. Et ideo tradidit, de sua propria hereditate sancto Uuingualoeo spetialiter sibi a cunctis parentibus inclitis, IIII^{or} villas, silva Carrec duas in vicario Eneuur, Caer Bullauc, in vicario Demett, Caer Uuenheli, et iterum tradidit alia vice Caer Dabat : hæc omnia sancto Uuingualoeo in dicumbitione atque in hereditate perpetua. Quandiu christiana fides in terra servabitur, hoc permaneat æternaliter. Et qui frangere aut minuere voluerit, anathema sit in die judicii. Amen.

XLVI

De plebe Edern, qvam dedit idem comes moriens.

Hæc cartula custodit quod Budic, nobilis comes, tradidit sancto Uuingualoeo de sua propria [**Fol. 161 v°**] hereditate vicarium unum, Edern nomine, pro sui redemptione suorumque omnium utrorumque sexuum, in sepulturam suam, totum

omnino, sicut ipso vivente tenuerat. Sic affirmavit dicens :
Quisquis hoc custodiendo servaverit Dominus custodiat eum
ab omni malo; custodiat animam tuam Dominus. Amen. Si
quis vero temere frangere aut minuere voluerit, de libro vi-
ventium et cum justis non scribatur. Sit pars ejus cum
Dathan et Abiron, quos terra deglutivit, nec non cum Juda
et Pilato, qui Dominum crucifixerunt. Hujus donationis testes
sunt plures : Alan dux Britanniæ, qui obitui ejus affuit,
testis; Benedictus episcopus, filius istius Budic, testis; Cad-
nou abba Sancti Uuingualoei, testis; Euhuarn vicecomes,
[Fol. 162] testis; Saluten, testis; Riuuelen, testis; Blinliuguet, testis; Catguallon, testis; Moruuethen, testis.

XLVII

De tribv Ivlitt.

Istæ litteræ narrant quod Benedictus, comes et episcopus
parcium Cornubiensium, ipso moriente, dedit sancto Uuingualoeo quandam tribum nomine Tref Iulitt, in vicario Eneuur,
[in] suam sepulturam, pro redemptione animæ suæ et omnium
suorum vivorum ac mortuorum, in dicumbitione æterna. Qui
custodierit hoc donum a Deo cæli sit benedictus; qui vero
frangere aut minuere voluerit a Deo cæli sit maledictus, nisi
digna satisfactione emendaverit. Amen. Hujus rei testis est
Alanus comes; Orscandus episcopus, testis; Licamanu, testis;
Caradoc, testis; Haerueu, testis; Bili, testis; Telent, testis;
[Fol. 162 v°] Gradlon, testis.

XLVIII

De tribv Tvdvc.

Hæc carta indicat quod Alanus, comes nobilis Cornubiensium partium, pro redemptione animæ suæ et longevitate utriusque vitæ, cum ambulaturus in adjutorio Alani ducis Britanniæ contra Normannos properaret, dedit sancto Uuin-
5 gualoeo quandam tribum nomine Tref Tudoc, in Plueu Neugued in Pou, per affirmationem suæ nobilissimæ conjugis, Iudett nomine, militumque suorum, coram multis testibus: Gurlouuen, monachus sancti Uuingualoei, testis; Vhelueu presbiter, testis; Maelucun presbiter, testis; Loesuuethen
10 presbiter, testis.

XLIX

Hæ litteræ narrant quod dedit Alanus comes Caer Millæ sancto Uuingualoeo in dicumbitione, [**Fol. 163**] quia in quadam vice adjuvit eum de

L

Notum sit omnibus tam presentibus quam posteris quod
15 Alanus, Britannie comes, dedit sancto Uuingualoeo pomarium quod habebat, situm juxta castrum quod vocatur Castellin, et sclusam cum molendinis in ea sitis, et totam piscaturam sibi apendentem, in elemosinam pro anima sua et parentum suorum. Hanc donationem firmavit ipse comes in capitulo supra-
20 dicti sancti, et posuit manu sua super altare coram testibus

quorum nomina hæc sunt : Guillelmus, qui eodem anno susceperat abbatiam ejusdem loci, testis; Moruanus monachus, testis; Guecun monachus, testis; Orscant monachus, testis; Redoredus monachus, testis, et omnis congregatio; Benedictus episcopus Nannetensis, testis; Riuallonus monachus Sancte Crucis, testis; Louenan, filius Dunguallun; Guegun, abbatt Tudi; Guihomarc, filius Ehoarn; Gormaelon, filius Haerueu.

LI

[**Fol. 163 v°**] Notum sit lectori quod Iustinus, abbas Sancti Guingualoei, una cum sua congregatione concessit ut Christo, in hospicio ad opus peregrinorum egenorumque, daretur tercia pars decimæ tribus Petran villaque Haldeberti cum omni suo debito, acceptis de Briencio, predicti hospicii servitore, in signo karitatis septem solidis, ut illud donum sempiternum teneretur. Qui autem hoc destruet sciat se auditurum esse Dominum dicentem : « Hospes fui et non collegistis me. » Hoc fuit factum in capitulo, audientibus et annuentibus cunctis fratribus : Sausoiarno, Gurloeno, Hedro et Rodaldo de Sancto Melanio; et monachis sancti Salvatoris : Guegono, Heloco atque Heboiarno, qui cum ipso abbate erant; Redoredo autem Gudiano, Johanne, Uruodio, Orscando, [**Fol. 164**] Jonas, Jacob, Adorico, Stephano, Daniel, Lancelino.

LII

De terra Guecun filii Alliou et de terra Telent Bastart fit quesitus tribus de causis, singulis annis : videlicet, cum census consuli datur, aut cum onos vel tesaurus emitur aut ex vadimonio solvitur, vel cibis supplementum cum victualia domi deficiunt. Et hec tria ex toto territorio sancti nobis debentur.

LIII

Notum sit tam presentibus quam futuris quod Seluester filius alterius, fratribus suis annuentibus, dedit sancto Wingualoeo terram Penkarn liberam et immunem ab omni censu, preter a censu consulis et preter hoc quod, cum homines sancti Wingualoei in servitio consulis ierint, omnes homines sancti Wingualoei de plebe Cletuen cum eo in jussione sua et sub sua tutela cum suis aliis hominibus in servitio consulis ierint; et preter hoc, quod quidam locus supra mare justa Tolmaen concessus fuit illi, si vellet, ad turrim instruendam. Et si domus facta fuerit, capellaniam illius domus et omne quod ad ecclesiam pertinet sancto Wingualoeo concessit. Fraternitas domus sancti Wingualoei concessa est predicto S. et suis fratribus; et cum ad fraternitatem unusquisque eorum voluerit venire, cum suis divitiis est ei statutum venire.

LIV

[SERIES COMITUM CORNUBIÆ.]

[Fol. 164 v°] Riuelen Mor Marthou.
Riuelen Marthou.
Concar.
Gradlon Mur.
Daniel Drem Rud Alammanis rex fuit.
Budic et Maxenri, duo fratres,
Iahan Reith. Huc rediens Marchel interfecit et paternum consulatum recuperavit.

Daniel Unua.
Gradlon Flam.
Concar Cheroenoc.
Budic Mur.
Fragual Fradleoc.
Gradlon Plueneuor.
Aulfret Alesrudon.
Diles Heirguor Chebre.
Budic Bud Berhuc.
Binidic.
Alan Canbiarh.
Houel Huuel.

LV

Festum ecclesie sancti Guygualoei in insula que Thopepigia vulgariter dicitur, est in omni anno dominica prima Junii, qua die visitantibus predictam ecclesiam sunt magne indulgencie concesse.

LVI

[Fol. 3 verso, *note marginale, écriture du XIIe siècle*.]

Guillelmus et Crehuen sua conjux et filius suus dederunt terram in Pengilli sancto Guuingualoeo in disconbicione eterna, omni debito liberam, et de qualibet domo illius terre unum denarium in festivitate sancti Guingualoei.

LVII

[Fol. 3 verso, *note marginale, écriture du XIIIe siècle*.]

[G]ulelmus filius Gormael et Agaz sua [u]xor sunt recepti in fraternitate istius domus, et illi dant karitative singulis annis, pro seipsis et pro filiabus [s]uis Creuen id est Domech Iulian, duo sextaria [fr]umenti in discumbitione eterna beato [G]uingualoeo et XII denarios.

LVIII

[Fol. 6, *note marginale, écriture du XIII*e *siècle.*]

Herueus filius alterius concedit sancto Wingualoeo annua-
5 tim unam rollatam frumenti, pro se mediam partem et pro duobus filiis suis medietatem alteram, quamdiu vixerint, apud Lestregellar.

LIX

[Fol. 142 v°, *note marginale à gauche du n*° *VII ci-dessus, écriture de la fin du XII*e *siècle.*]

..... qui sunt de genere Matret tenent [a sanct]o Wingualoeo et ab abbate suo .....m sex ciatus mellis in plebe Ar..el;
10 in plebe Thelgruc XX.VIII.

LX

[Fol. 143 v°, *note marginale à gauche du n*° *XVIII ci-dessus, écriture du XII*e *siècle.*]

Hec sunt debita Landrefmael. Haethurec. Caer Nilis, IX sextaria frumenti. De terra Hedrgual, II sextaria frumenti et unum pastum. De terra Gleulouen [I]I sextaria et unum pastum. De terra Jedecael Guidet, III modios frumenti. [L]an
15 Huncat, II sextaria. Pul Scauen, II sextaria. Kaer Foet, I sextarium. De terra An Vastardou, III sextaria frumenti. De terra Hinebet, II sextaria et unum modium et duo pasta.

Buort, III sextaria frumenti. [De] terra Hebguoeu in Ros Riguin, II sextaria. [De] terra An Prunuc, I sextarium et I pastum. [De] terra An Kelihuc, I sextarium.

[L]an Ritian, II sextaria et I pastum. De terra minihi ecclesie Goethuc VIII. Unum pastum de capellano ecclesie ... et unum 5
pastum decimat.

LXI

[Fol. 145 v°, *note marginale à gauche du n° XVIII ci-dessus, écriture du XIII° siècle.*]

Terræ de Landremael : Pen Annaut, Kaer Beatos, Kaer Cadauen, An Kelioc, An Luch.
De Goedoc : terra Briendi Conuier, An Staer, Run An Peliet, An Birit, An Busit, Languegon An Maguaerou. 10
An Porht Gludoc, Run Guennargant, Landremael.

LXII

[Fol. 153 v°, *note marginale à gauche du n° XXVIII ci-dessus, écriture du XII° siècle.*]

..... Thou Elorn ..... you et uxor ejus .....t dederunt unum [ari]pennum (*en interligne* [c]emer) terre pro [ani]ma Doener filii sui ..... sancto Wingualoeo ..... dederunt Maeluguno .....liis suis ut redderent usque ad finem .... denarium per 15
singulum ..... ad vigiliam sancti Michaelis.

LXIII

[Fol. 154 v°, *note marginale à gauche du n° XXX ci-dessus, écriture du XIII° siècle.*]

..... Fradou minam frumenti..... Brinliguet An Parc,

XV. nummos..... Gleucuu filius Butheuel, minam [frumen]ti. De terra Terenes, sextarium frumenti.

LXIV

[Fol. 154 v°, *note interlinéaire, écriture du XIII*e *siècle, entre la fin du n° XXX et le commencement du n° XXXI ci-dessus.*]

De Caer Uuenguethen, mina frumenti et tercia pars decimæ, cujus heres est Rudaldus vicarius.

LXV

[Fol. 154 v°, *note marginale à gauche des n*os *XXXI à XXXVII ci-dessus, écriture du XIII*e *siècle.*]

5 Contencio fuit super quibusdam terris apud Pleiben in Tnou Barroc inter filios Heruei Hormanni et suos, ex una parte, scilicet Eudonem filium Haelguthen qui erat primogenitus eorum, et Eudonem filium Riualloni Calvi et [con]sanguineos suos. Dicti filii Heruei et Eudo Haelguehen et Guidomarus
10 An Sparll optinuerunt terram quam petebant per judicium aque frigide, apud Sanctum Wingualoeum, a filio Riualloni et suis. Et ideo dicti Eudon et Guidomarus An Sparll et sui concesserunt Sancto Wingualoeo in perpetuum decimas cujusdam *kempenet*, quod est super Gouen Tnou Barroc. Tunc
15 erat abbas Sancti Wingualoei Riuallonus de Fou; Riocus, Uruot, Herueus Godoc, monachi. Eudo filius Haelguethen et Guidomarus An Sparll dederunt in saisinam pro decima illa VIII denarios in duabus vicibus.

LXVI

[Fol. 160, *notes marginales à droite du n° XLIII ci-dessus, écriture du XIII° siècle.*]

Juxta territorium Lesna[r]uuor, in villa [que] dicitur Ch[er]gueleu[en], ded[it] Riou filius ...mar mi[nam] frumenti [sancto] Guingua[loeo], quia eum gr[avi] morbo liber[avit].

Item, Desar... filius Harsch... dedit XX^{ti} duo solid[os] de Caer Fee... sancto Guingu[aloeo].

Similiter Saluden mil[es] quidem dedi[t] dec[im]as de Caer Luoc s[ancto] Guigaloeo.

Agacha quoque, fili[a] Riualoni fili Caret, dedit duas minas frumenti [in] Villa Prati in Plu[eu] Castel.

LXVII

[**Fol. 1 v°**] DE PUERO FULGURE PROSTRATO ATQUE MORTUO, SED PER SANCTUM WINGUALOEUM SANATO.

Inter ceteras virtutes tam sanctissimi patroni, tam beatissimi Christi militis, illud mirabile dictu, immo mirabilius honorabile quod inantea declarabitur, non est pretermittendum, non est refutandum, non est tacendum sed appetendum magis, affectandum, super omnibus ejusdem sancti virtutibus pene recolendum. Quanto enim frequentiori revolutione tractent homines quæ placita sunt Deo quæve digna, tanto amplius, supernæ divinitatis inundante gratia, Sancti Spiritus incalescente flamma, corda illorum ad ea tenenda et ad misericordiam distributoris Dei consequendam inflammantur. Ad propositum ergo recurrentes, quomodo, Deo donante, vir sanctus illud miraculum perpetraverit audiamus.

Puer igitur quidam dum estivo tempore patris sui gregis curam ageret atque per pascua more solito vagaretur, Deo volente cui nichil impossibile, ventus alte subito perflat, nubes obtenebrant, procella succrescit, fiunt tonitrua. Puer inde perhorret, querit fugam; gravis ymber instat fugienti, presidium cujusdam arboris interdum subintrat. Eo vero ibi manente, fulgur emittitur, molem arboris frangit, puerum ad terram miserabiliter retrudit.

[Fol. 2] Parentes autem quam cito prevenientes, quem vivum in agros miserant, filium jam mortuum repperiunt. Heu, quanta miseria matris! quantus patris dolor! quanta fratrum angustia! Quis umquam miretur de amissione filii matrem merore confectam? quis de perditione prolis patrem increpet furibundum? quis super recessione fratris fratres condolere prohibebit? Puerum igitur sublevantes domum redeunt, intimis precordiis ad sanctum Wingualoeum proclamant, talia Deo simul et ejus college vota voventes, ut, [si] per eum Dominus eos visitaretur, in servum ei quem amiserant filium concederent. Quibus in secundo die circa corpusculum adjacentibus, merore confectis, lacrimis deficientibus, membris pre somno lacessentibus, cui nec vox, nec sensus, nec penitus vita credebatur, vena quedam sub gutture moveri procernitur. Quod adtractantes manibus, paulatim incalefieri manifestius sentiunt. Quo comperto, fit clamor omnium unus : « Pius adsit Wingualoeus, nosque diu mestos faciat medicamine letos! » Quo dicto, puer oculos diu clausos aperit, atque inmemor oppressionis suæ sanus efficitur, permittente Domino, cui regnum et imperium sine fine permanet.

LXVIII

[Ms. C, fol. 68 v°] Quidam vir nomine Petranus, quadam nocte, secrete cum accessisset ad domum sancti Guengualoei, dum sua femina dormiebat, ad audiendum sermones predicti sancti, sua femina evigilata, excitante dyabolo, ivit quesitum suum maritum et eum verberavit in choro predicti sancti. Et tam cito tres liberi et ejus domus fuerunt combusti et mortui in domo, et in crastina die resuscitati et reparati, et depost sexus femineus non intravit in istum chorum. Hec omnia et singula fuerunt facta, patrante Domino nostro Jhesu Christo, in honore Dei et sancti Guengualoei.

LXIX

[**Ms. C, fol. 79 v°**] Iste littere narrant quod heredes seculares Cleruie succedunt Fragano Cathouii et Albe Trimamini in hereditatibus sitis in Armorica, a rege Gradlono eisdem traditis et perpetualiter concessis, cujus situatio est in Curia Sanguinaria, inundatione cujusdam fluvii qui proprie dicitur Sanguis a capite sang[uineo] fluentis, ac etiam in dominatione Curie Albe site juxta fluvium qui dicitur Asper cum suis apendiciis. Divisio istius possessiuncule est a mari septentrionali usque ad flumen Elorn.

Finis.

VARIANTES

Dans les variantes et les corrections qui suivent, le manuscrit original du cartulaire de Landevenec, appartenant à la bibliothèque de la ville de Quimper, est désigné par la lettre A; la vie de saint Gwenolé formant le ms. lat. 5610 A de la Bibliothèque Nationale par la lettre B; la copie du cartulaire de Landevenec écrite au XVIe siècle, ms. lat. 9746 de la même bibliothèque, par la lettre C. — Les mots entre guillemets font partie du texte de notre édition; les variantes sont mises en italique. L'abréviation — corr. — indique les corrections exigées par le sens et qui ne sont dans aucun des manuscrits; les leçons plus ou moins fautives des manuscrits sont données à la suite de ces corrections.

Page 1, titre. Le titre *Vita sancti Winwaloei* est ajouté par l'éditeur. — Le titre du prologue : *Incipit Præfatio. Vitæ sancti Uuinvualoei Cornugallensis* n'existe que dans le ms. B, qui écrit le dernier mot *Cornugillensis,* — faute évidente.
— vers 2. « Uuinuualoei » B. — *Guingualoei* A.
— v. 4. « Uurdistenus » B. — *Gurdestinus* A.
— v. 9. « hæc » B. — *nec* A.
— v. 11. « Quæque » B. — *Quique* A.
— v. 13. « Moneo » B. — *Modero* A. — Dans B le scribe avait d'abord écrit *modero,* dont il a fait ensuite *moneo,* en exponctuant l'*r* et le *d* et traçant, au-dessus de cette dernière lettre, une petite *n*.
— v. 14. « Conquatiat » B. — *Conquatiatur* A. Cette dernière version détruit la mesure du vers.
Page 2, v. 5. « seductus » A. — *præductus* B.
— v. 6. « ductor » B. — *doctor* A.
— v. 13. « claras » B. — *clara* A.
Page 4, ligne 1-2. « coruscationibus conterrito » B. — *coruscantibus contrito* A.
— l. 15. Le manuscrit B ne donne pas ici la table des chapitres du second livre; il la reporte dans le corps de l'ouvrage, en tête de

ce livre. D'ailleurs, en ce qui touche la table des deux livres, il n'y a entre A et B que des différences insignifiantes.

Page 5, ligne 14. « Cornubensium » A. La forme ordinaire est *Cornubiensium*.

— l. 24. La table de A a omis de donner à ce chapitre le n° XXI, qu'il attribue au chapitre suivant, lequel est en réalité le XXII°, et à partir de là, dans cette table, le numéro d'ordre de chaque chapitre se trouve inférieur d'une unité au chiffre réel. Cette irrégularité étant réparée dans le corps du manuscrit en tête de tous ces chapitres, nous l'avons rectifiée dans la table.

— l. 32. « senum, » omis à la table du ms. A, est rétabli dans le titre placé en tête du chapitre, au f° 102 v° du Cartulaire.

Page 6, l. 12. « Isiodorus » A. — *Hysodorus* B.

Page 7, l. 4. « hæc magnam habuisse rerum copiam » A. — Le scribe du ms. B avait d'abord écrit la même chose; mais son réviseur ou correcteur fit effacer les deux mots *hæc* et *habuisse*, dont la place reste vide, quoiqu'on en distingue encore quelques traces dans B; il fit de plus supprimer le signe abréviatif indiquant l'*m* finale au-dessus du dernier *a* de *magnam* et de *copiam*, il resta : *magna rerum copia*, qui donne à la phrase une tournure tout autre, comme suit : « Britannia insula... magnâ rerum copiâ narratur exuberasse. » M. Ramé, qui veut reproduire le texte du ms. B (5610 A lat. de la Biblioth. Nat.), imprime : « Britannia insula... iam [nunc] magna [omnium] rerum copia narratur exuberasse. » *(Bulletin du comité des Travaux historiques, section d'histoire*, etc. Année 1882, p. 444) : version inexacte, qui n'existe dans aucun manuscrit.

— l. 5. « frumenti. » A. — frumenti *scilicet* B.

— l. 7. « constringitur » A. — *terra illa* constringitur B. Le scribe de B avait d'abord reproduit exactement la même version que A; le correcteur de B ajouta en interligne *terra illa* : addition non justifiée et même assez malheureuse.

— l. 12-13. « Tamenta » A. — Tamen*sis* B.

— l. 14. « augmentis » A. — augmenta B.

Page 8, l. 4-5. « apostatione, » A et B.

— l. 7. « ejusdem » A. — *ex* ejusdem B.

— l. 9. « quondam » B. — omis dans A.

— l. 10. « raro » A. — effacé à tort dans B.

— l. 18. « maternum » B. — maternam A.

— l. 18. « Hinc » correction. — *Huic* A. B.

— l. 20. « oram » A. — *horam* B. — Usher qui, dans ses *Britannicarum ecclesiarum Antiquitates* (p. 225), cite une partie de ce chapitre d'après un manuscrit dont on a perdu la trace, donne ainsi ce passage : « quo loco, magnis laboribus fessa, ad « horam *consedit* sine bello quieta. » La version *consedit* est très-bonne, préférable à celle de nos ms. A et B; toute-

Page 8, ligne 24. « desolatur » B. — *desolabatur* A.

— l. 26. « Belgicam » B. — *bellicam* A. — Si la leçon *Belgicam* n'existait que dans le ms. B, nous serions très porté à n'y voir qu'une correction arbitraire du réviseur de ce manuscrit, dans le genre des deux, assez malheureuses, signalées plus haut dans ce même chapitre, la suppression de *hæc* et de *habuisse* (p. 7, ligne 4) et l'addition de *terra illa* (ligne 7, même page). Nous aurions gardé dans le texte la leçon *bellicam* du ms. A et régularisé la phrase par la suppression du premier *aut* placé devant *Scoticam*. Mais *Belgicam* est aussi dans le fragment donné par Usher (*Brit. eccl. Ant.* p. 225); cette concordance nous persuade que c'est là le texte primitif, d'autant qu'avec ce mot la phrase, sans y rien changer, se trouve régulière.

— l. 27. « terram » B. — Ce mot est omis dans A ; dans B il est ajouté d'une main autre, mais aussi ancienne que celle qui a tracé le manuscrit. Le fragment donné par Usher porte aussi *terram*.

Page 9, l. 1. « fuit. » Ce mot, nécessaire pour constituer la phrase, manque dans les manuscrits.

— l. 2. « Fracanus, Catouii » A. B. — D. Morice, qui a publié ce chapitre d'après le cartulaire de Landevenec (*Preuves de l'hist. de Bretagne*, I, 176), imprime à tort *Fræcanus* et *Catoni*, ce qui défigure ces deux noms, surtout le dernier, qui est le *Catou, Cadou, Cado* des Bretons. — Le ms. C porte : *Fraganus Catoun*.

— l. 6 « Dominum » A. B. — D. Morice imprime à tort *divinum*, leçon fautive de C.

— l. 7-8. « Cujus... dicta » A. — Le réviseur de B a fortement travaillé ce passage, voici comme il est dans ce ms. : « Cujus etiam predicti regis *erat* terra *Nom ne* (avec un *i* abréviatif au-dessus de l'*n*) dicta. »

— l. 9. « a Deo » A. — Ces deux mots ont été effacés dans B ; le ms. C écrit *adeo*, et D. Morice reproduit cette mauvaise leçon.

— l. 10-11. « solent, morbo » A. — Solent : *ut propterea* morbo B. Les deux mots *ut propterea* sont d'une autre main que le corps du manuscrit, de la main du réviseur.

— l. 14. « igitur » B. — *legitur* A.

— l. 14-15. « Uueithnoco » B. — *Guethenoco* A.

— l. 23. « Brahecus. » — En face de ce mot, le ms. C. a en marge *Brehal* en écriture de la fin du xviie siècle; on a sans doute voulu indiquer l'île de Bréhat, mais en réalité *Brahecus* est Brahec ou Bréhec, petit port de la baie de Saint-Brieuc, en la commune de Lanloup, c^{ton} de Plouha, arr. de Saint-Brieuc, Côtes-du-Nord.

— l. 23. « In qua » (tellure Armorica).

Page 10, ligne 1. « parvum » A. — *perparvum* B.
— l. 9. « esset » C. — *esse* A. B.
— l. 14. « lux. » — Ce mot indispensable, indiqué par tout le reste de la phrase, manque dans les manuscrits. Le réviseur du ms. B, ne pouvant, en l'absence de ce mot, comprendre ce membre de phrase, a pris le parti de le supprimer; il a exponctué, c'est-à-dire biffé les sept mots *in qua vera diu spectata ostenditur patriæ*. Mais A et C les ont conservés.
— l. 16. « Uuinualoeum » B. — *Guingualoeum* A.
— l. 18. « eademque » A. — *et ab eadem* B.
— l. 20. « assuetus est » A. — *conversus est vel* assuetus est B.
Page 11, l. 7. « ceteri... patres... corusci » A. — ceteris... patri*bus* corus*cantis* B.
— l. 11. « accelerantes » A. — *accedentes* B.
Page 12, l. 13. « mixta » B. — *mixto* A.
— l. 17. « inquiens » A. — *Cur, inquiens ait, pater, vereris?* » B.
— l. 24. « prius » A. — *prior* B.
Page 13, l. 3. « tacite » B. — *tacitam* A.
Page 14, l. 16. « ita » A. — *ista* B.
— l. 17. « puto » B. — *putat* A.
Page 17, l. 1. « ituri sumus » A. — ituri *erimus* B.
— l. 18. « Wingualoeus » B. — *Guingualoeus* A.
Page 18, l. 14. « per tuos precatus famulos » A. — per tuos *quotiens* precatus es famulos B.
Page 21, l. 23. « dispergendo » B. — *disperdendo* A.
— l. 26. « de illo » A. — *sicut* de illo B.
Page 23, l. 11. « discimus » C. — *dicimus* A. B.
Page 24, l. 17. « autem » A. — autem *omnia* B.
— l. 28. « interscram » corr. — *interscrim* A. B.
Page 25, l. 21. « Tunc » A. — Tunc *igitur* B.
— l. 23. « Sanatur » B. — *Suscitatur* A.
— l. 25. « est » B. — omis dans A.
Page 26, l. 2. « Uuinualoeus » B. — *Guingaloeus* A. — L'orthographe constante de ce nom dans B est *Uuinualoeus* ou *Winualoeus*, dans A *Guingualoeus*, dans C *Guengualoeus*. La forme donnée par B étant la plus ancienne, c'est elle que nous reproduisons toujours, — et désormais nous n'indiquerons plus cette variante.
Page 27, l. 1. « istius modi » B. — istius *mundi* A.
— l. 16. « tempore » A. — *in* tempore B, faute.
— l. 19. « monitis » B. — *in montis* A, faute.
— l. 23. « Abdis » B. — *Abdi* A, faute.
— l. 24. « more » A. B. — *esse* dans les Bollandistes (Martii I, 256, édit. de Paris).
— l. 27. « Omnes orantes » B. — *Omnis hoc* orantes A, faute.
Page 28, l. 4. A la fin du chapitre XI, après le mot memorantur, le ms. B

ajoute : « Discipulus denique sancti Patricii, propter hanc causam, usque ad obitum ejus appellatus est. » — Addition ici nullement motivée, ou plutôt tout à fait hors de son lieu, et dont la place naturelle serait à la fin du chap. XIX du livre I (ci-dessus p. 48). C'est là aussi que Wrdisten eût dû placer la pièce de vers de la p. 27, comme le montre l'onzième vers de cette pièce.

Page 29, ligne 4. « intercessionem suam » *corr.* — intercessione sua A. B, faute. — Ou encore on pourrait lire : « intercessione sua salutem... impendat. »

Page 30, l. 4. « lucet » A. — *fulget* B.

— l. 23. « itinerantibus » *corr.* — *iterantibus* A. B.

Page 31, l. 1. « boni incitamentum » B. — *bonum citamentum* A.

— l. 4. « sanctorum » B. — omis dans A. Et, au lieu de « vita, » A et B ont *vitæ*, qui est une faute.

Page 32, l. 1. « anser ei transeunti obvians » A. — *anseri* transeunti *obvia* B.

— l. 5. « vacuo » B. — *vacua* A, faute.

— l. 10. « indicarent » B. — *indicerent* A.

Page 33, l. 9. « eliganter » A et B, pour *eleganter*.

Page 34, l. 22. « Tethgonus » A. — *Thetgonus* B.

Page 35, l. 23. « sollicitus » B. — *tam* sollicitus A, faute.

Page 36, l. 5. « preacuens » B. — *precavens* A, faute.

Page 37, l. 3. — Vers de Virgile, *Énéide*, liv. I, v. 664.

— l. 5. « Breona. » — Dans A, renvoi sur ce mot et note marginale en écriture du xvie siècle, portant : *Cap. 4 dicitur Laurea.*

— l. 7. « serpentium » A. — *serpentinum* B.

— l. 11. « Christo » B. — mot omis dans A.

— l. 14. « Uuoedmonus » B. — *Guedmonus* A.

Page 38, l. 6. « baculo » B. — Dans A, le scribe du xie siècle a écrit à la fin de la ligne *bacu* et oublié de terminer le mot à la ligne suivante; au xvie, on a ajouté la syllabe *lum* (« baculum ») qui est une faute.

— l. 18. « lyrcos » A. — « *Hyrcos qui vastans* » B.

Page 39, l. 3. « decens » A. — *dicens* B, faute. — Corrigez ici la ponctuation de notre texte et lisez : « Uuinualoee decens, celsi » etc., *decens* ayant ici le sens de glorieux. — « Olymphi » A. — *Olimphy* B, pour *Olympi.*

— l. 10. « retrahente » A. — *trahente* B.

— l. 27. « mysterium » A. — Dans B ce mot est biffé, mais d'une encre un peu plus pâle.

Page 40, titre du chap. XVII — « de ejusdem visionis » B. — *ejus visiones* A, faute.

— l. 1. « Cum » A. — *Dum* B.

— l. 6. « Abacuc » B. — *Abbacuc* A. — « Danielem » A. — *Danihelem* B. — « Philippus ad Eunuchum » B. — *Philiphus* ad *Eunchum* A.

Page 41, ligne 5. « Unum » A. — Unum *ergo* B.
— l. 8. « cubili » A. — *cubiculo* B.
— l. 14. « Gezi » A. — Giezi B.
— l. 21. « ac » A. — *an* B.
Page 42, l. 9. « etiam » correction. — *et tam'* A. *et tam* B.
— l. 13. Au lieu de « ad Deum, fontem vivum, » lisez : « ad Deum fortem, vivum. » C'est le texte du Ps. XLI, 3. Nous avons été induit en erreur par B, qui porte « fontem ; » mais A a *fortem*.
— l. 16. « mentibus » corr. — *merentibus* A et B.
Page 43, l. 3. « ædificatio » A. — *ædificium* B.
— l. 5 à 11. Dans A, en face de ces premières lignes du chap. XVIII du livre I, deux lignes en écriture du XVIe siècle, disposées verticalement sur la marge extérieure du f° 50 recto, reproduisent deux fois le premier vers de l'épitaphe fort connue du roi Gradlon :

Hoc in cercophago jacet inclita magna propago.

— l. 17. « exanime » A. — *examine* B, faute.
— l. 21. « Domnonicæ » A. — *Domnonie* B.
Page 44, l. 7. « cito » corr. — omis dans A et B.
— l. 11. « differentia a prospicientibus » A. — differentia *aliqua aspicientibus* B.
— l. 16. « Maglus » A et B. — Dans B (f° 28 r°), au-dessus de l'a de ce nom se trouve en interligne un petit *p* avec l'abréviation de *pro*, sans doute pour indiquer que le mot au-dessus duquel il se trouve est un nom propre.
— l. 23. « confingebant » B. — *confringebant* A. La seconde de ces versions est pire, mais la première ne vaut guère ; je soupçonne que le vrai mot écrit par Wrdisten était *confricabant*, qui donne un très bon sens. Toutefois, comme on peut à la rigueur tirer un sens de *confingebant*, je n'ai pas cru devoir introduire dans le texte cette correction.
— l. 30. « nam » A. — *jam* B.
— l. 33. « huc » A. — *hic* B.
Page 45, l. 12. « cunctos » B. — *cunctus* A.
— 23. « sperabant » A. — sperabant *fieri* B.
Page 46, titre du chap. XIX, l. 2. A ajoute *converat* entre « fuerat » et « conversatus, » superfétation fautive à supprimer ; il en est de même du mot *re* que, dans la dernière ligne du même titre, B intercale entre *ista* et *Armorica*.
Page 47, l. 8. « ausportantibus » B. — *ansportantibus* A. — pour *asportantibus*, qui est dans le ms. C.
— l. 27. « quem » corr. — quam A et B.
Page 48, l. 3. « locutus » A. — locutus *sit* B.

Page 48, ligne 9. « locutus est » — omis dans A et B, addition nécessaire pour la phrase et pour le sens.

Page 49, l. 10-11. « relinquitis monasterium et meipsum » B. — Ces quatre mots sont omis dans A, par faute du copiste.

— l. 13. « consolari » A. — *solari* B. Infinitif employé substantivement pour « consolationem » ou « solatium. »

— l. 20. « ipse » B. — *ita* ipse A.

Page 50, l. 25. « alicujuscunque » corr. — *Aliuscujuscunque* A, faute de copiste, le premier *u* est exponctué, mais la première *s* ne l'est pas. — *alicujusve* B.

Page 51, l. 5. « defendunt » corr. — *defendentes*, A et B, faute.

— l. 9. « quorumque » B. — *quorum* A, faute.

Page 53, l. 4. « illum » corr. — Ce mot, omis dans A et B, est nécessaire pour le sens ; il désigne le second livre de la Vie de S. Uinaloë, comme dans le membre de phrase précédent (l. 2) *hunc* désigne le premier.

Page 54, ligne 3. « sibi » corr. — omis dans A et B, indispensable pour le sens.

— l. 4. « mutuo » B. — omis dans A.

— l. 7. « videtur » A. — *vedetur* B, faute.

Page 55, l. 2. « transiliit » B. — *transibit* A, faute.

Page 56, l. 3. « ultro » B. — *ultra* A.

— l. 14. « sperari » B. — *separari* A, faute.

— l. 25. « si forte » B. — omis dans A.

Page 57, l. 1. En face du commencement du chap. 2 du livre II, le ms. B (fol. 38) porte en marge : « *III° nonas Maii, in octavis sancti Guingaloei lectio prima.* »

— l. 6. « factis » B. — *facta* A, faute.

— l. 14. « autem... exemplo » B. — ces deux mots sont omis dans A.

— l. 25-26. « moderatior » B. — *moderator* A, faute.

Page 58, l. 12. « saniori » A. — *sanari* B, faute.

— l. 13. « Condelector » B. — *Condilector* A.

Page 59, l. 1. « est » B. — omis dans A.

— l. 11-12. « elatus » A. — *altus* B.

— l. 16. « ei se » B. — *eum sibi* A, faute.

— l. 23. « profectionis » A. B. — semble une faute de copiste, pour *professionis.*

— l. 33. « prospiciens » A. — *conspiciens* B.

Page 60, l. 12. « tu » B. — *te* A, faute.

— l. 23. En marge, vis-à-vis la première ligne du chap. 3 du liv. II, le ms. A porte : *Lc. I*, c'est-à-dire *Lectio I.*

— l. 25-26. « Cornubie » A. — *Cornugillensium* B, pour *Cornugallensium.*

— l. 26. « Thopepigia » A. B. — *Theopegia* C.

Page 61, l. 4. En marge, en face de cette ligne, dans A : *Lc. II.*

— l. 9. En marge, dans A : *Lc. III.*

— l. 22. En marge, dans A : *Lc. IIII.*

Page 61, ligne 22. « collis » B. — colles A.
— l. 26. « Ampnis » A. — Dans B le *p* de ce mot est chargé de l'abréviation de *pro*, ce qui donne *Ampronis*, faute. Il s'agit ici de la rivière d'Aune.
— l. 29. « lætissimus » B. — *latissimus* A, faute.
— l. 33. « sibi » B. — *ibi* A.

Page 62, l. 6. En marge, dans A : *Lc. V*a.
— l. 13. En marge, dans A : *Lc. VI*a.
— l. 25. En marge, dans A : *Lc. VII*.

Page 63, l. 7 « sequentis se » B. — *sequentissime* A, faute.
— l. 9. « ora » B. — omis dans A. — En marge, dans A : *Lc. VIII*.

Page 64, l. 5. « laresque » A. B.
— l. 13. « vigent quæ » A. — vigentque B.
— l. 14. « Ominibus » A. — *Nominibus* B.
— l. 15. « Misael » A. — Misa*h*el B.
— l. 27. « intercisum » B. — intercissum A.

Page 65, l. 9. « procurvatum » corr. — procurva*tus* A et B, faute.
— l. 14. « declivioris montis. » — Là se termine le texte du fol. 73 r⁰ du ms. A, c'est-à-dire du cartulaire de Landevenec, aujourd'hui à la bibliothèque de Quimper. Après ces mots, il manque actuellement dans ce manuscrit deux cahiers ou quaternions formant ensemble 16 feuillets. Mais notre ms. B, c'est-à-dire le ms. latin 5610 A de la Bibliothèque Nationale, fournit de quoi combler cette lacune. C'est donc sur ce manuscrit seulement que notre texte est établi depuis p. 65 ligne 15 jusqu'à p. 80 l. 3 inclusivement. Nous avons aussi relevé quelques variantes de notre ms. C (Biblioth. Nat. ms. lat. 9746), copie du cartulaire de Landevenec exécutée au XVIe siècle.
— l. 25-26. « Araegi » B. — *Aregi* C.

Page 66, l. 10. « placitum » corr. — *placidum* B. C, faute.

Page 67, l. 27. Le ms. B. répète « quæso » après « huic, » par faute de copiste.

Page 68, l. 16-17. « fragrantia » C. — *flagrantia* B.

Page 69, l. 4 et 5. « fictum... conficta » C. — finctum... confincta B.
— l. 8. « haut » corr. — *aut* B; *autem* C.
— l. 16. « pilosa... pili » C. — p*h*ilosa... p*h*ili B.

Page 70, l. 15-16. « sub pedibus » C. — *suppedibus* B.

Page 72, l. 2-5. « Dicturis... repetendum » — D. Morice a imprimé ces trois lignes, *Preuves de l'histoire de Bretagne*, I, 227.
— l. 8-10. « A vicessimo... solutus. » — Impr. dans D. Morice, *Ibid.*, avec *vigesimo*, au lieu de « vicessimo. »
— l. 16. « gratia » corr. — gratia*m* B. C.

Page 73, l. 3-13. Tout ce chapitre est imprimé dans D. Morice, *Ibid.*
— l. 8. « durissimis uti corticibus » C et D. Morice. — durissimis *nucum* uti corticibus B.
— l. 10. « velluvio » c'est la leçon de D. Morice; — mais les mss. B et C portent *vel lino*.

Page 73, ligne 13. « et eodem » C et D. Morice. — omis dans B.
— l. 14-19. « His vero... ponebatur. » Imprimé dans D. Morice, *Ibid*.
Page 74, l. 15-16. « Poculum... sumebat » B. — *Potum* C. — D. Morice, *Ibid*., reproduit ainsi ce passage, en l'abrégeant : « *Potum* quoque cum amaritudine sumebat. » Il omet la suite jusqu'à « nullum omnino » (l. 22).
— l. 22. « nullum omnino liquorem » B. — nullum *omnimodis* liquorem C. — A partir de ces mots, D. Morice a imprimé tout ce chapitre 12 du livre II *(Preuves*, I, 227-228), sauf deux lignes, et à quelques variantes près, que nous indiquons ci-dessous. Ainsi au lieu des trois mots reproduits en tête de cette note, son texte porte : « nullum enim *omnimodis* liqu*oris*. » Le dernier mot (liqu*oris*) est une faute d'impression.
— l. 25. « sive silvestrium » B. — omis dans C et dans D. Morice.
Page 75, l. 2. « Vinum » B. C. — Vinum *autem* D. Morice, *Pr*. I, 227.
— l. 3-5. « Unde... potuerunt » B. C. — omis dans D. Morice.
— l. 13. « Hlodouuici piissimi » B. — *Ludovici* C et D. Morice, *Pr*. I, 228.
— l. 22. « in eadem istius Britanniæ provincia » B. — in eadem *Britannia* C et D. Morice, *Ibid*.
— l. 23. « Elegium » B. C. — *Eligium* D. Morice, *Ibid*.
— l. 25. Le diplôme de Louis-le-Débonnaire, formant le texte du chap. 13 du livre II, est imprimé dans D. Morice, *Preuves*, I, 228, sauf les variantes ci-dessous.
— l. 25. « Dei et Salvatoris » B. — *Domini* Dei Salvatoris C.
— l. 26. « Hludouuicus » B. — *Ludovicus* C et D. Morice.
Page 76, l. 1. « quia » B. — *quod* C et D. Morice.
— l. 2. « Landeuinnoch » B. — *Landevennoch* C et D. Morice.
— l. 4. « monasteriis » B. — omis dans C et dans D. Morice, ce qui nuit à la fois au sens et à la régularité de la phrase.
— l. 18. « cæterisque » B. — cæteris *quæ* C et D. Morice, faute.
— l. 19. « Hludouuici » B. — *Ludovici* C et D. Morice.
— l. 21. « Signum » B. — *Sigillum* C et D. Morice. — Ce dernier donne le fac-similé du monogramme de Louis-le-Débonnaire, dont la forme ne semble pas très régulière.
Page 78, titre du chap. 15 du livre II. « De humili » B. — *De hymni* C, faute.
— vers 4. « Protracto » corr. — *pro tanto* B. C. — Le chap. 22 de la Vie métrique de S. Gwennolé (ci-dessus p. 113, v. 25) a un vers qui reproduit presque mot pour mot celui-ci, en le corrigeant :

Amplum cui suberat, *producto* limite, regnum.

— v. 10. « albis » corr. — *abis* B et C.
— v. 19. « mutari » B. — *imitari* C, faute.

Page 79, vers 3. « Mene... voluisti » B. — *Ne ne... noluisti* C, faute.
— v. 7. « regnis » B. — *ignis* C, faute.
— v. 11. « Haut » B. — *Aut* C, faute.
— v. 12. « Nititur » B. — *Sititur* C, faute.
— v. 14. « Me » B. — *Ne* C, faute.
— v. 18. « sericis » C. — *syricis* B.
— v. 20. « tumet » B. — *timet* C, faute.
— v. 23. « vestras » B. C. — ce mot doit être probablement corrigé en *vastas*.
— v. 25. « complus » B. — *compotus* C, faute.
Page 80, v. 2. « Æque » corr. — *Atque* B. C.
— v. 3. « dotent » B. — *docent* C.
— v. 4. « Quæ te munificum... » A. — Ici cesse la lacune du ms. A (cartulaire original de Landevenec), dont le texte à partir d'ici redevient la base de notre édition, de même qu'à partir d'ici nous reprenons dans notre texte l'indication des feuillets de ce manuscrit.
— v. 6. « lumine » B. — *limine* A, faute.
— v. 11. « clauditur » A. — *cluditur* B.
Page 81, v. 6. « magna virtute Riocus » A. — *magnæ virtutis Riochus* B ; il n'y a plus de vers.
— v. 7. « Hujus » B. — *Cujus* A.
— v. 12. « Is » corr. — *His* A. B.
— v. 19. « regens » B. — *tenens* A.
Page 82, v. 1. « præfulgens » B. — *perfulgens* A.
— v. 5. « ob hoc » A. — *ab hoc* B.
— v. 6. « Orta » B. — *Arta* A. Cette dernière leçon est certainement fautive ; avec *orta* le sens est très laborieux mais possible ; c'est pourquoi nous n'avons pas proposé la correction *acta*, qui avec *arta* s'offre d'elle-même et donne un sens très clair.
— même vers. « sedabat » A. — *sedebat* B, faute.
— v. 14. « Eximius » faute d'impression ; lisez : « Eximios. » Toutefois c'est là une correction ; A et B portent : « Eximiis » qui est une faute. — A porte « Tutgualus, » et B *Tutualus*.
— v. 20. « quo » B. — A a une abréviation qu'on peut interpréter par *qua* et par *quam*. — Les deux leçons *qua* et *quo* se valent, en traduisant ces deux mots dans le sens adverbial, « où, là où » : sens que l'on indique souvent en mettant un accent sur la dernière lettre de ces deux mots : *quà*, *quò*. Ce vers doit être ponctué ainsi :

Quarta tamen, vivens quò corpore vixerat, ipse
Cum Christo vivit...

Page 83, v. 1. « modo. » B. — *nuda*, A.
— v. 2. « Quæ » A. — *Qua* B, faute.

Page 83, vers 3. « Niniyæ » A. — Ninevæ B.
— v. 4. « Erectæ » A. B. C. — Dans le *Bulletin du Comité des travaux historiques et scientifiques* du ministère de l'instruction publique, *Section d'histoire, d'archéologie et de philologie* (année 1882, p. 448), M. Ramé imprime *Cerecte*, qui est sans doute une faute d'impression, car ce mot ne signifie rien et n'existe dans aucun des manuscrits.
— v. 16. « Prædam » B. — *Credam* A, faute.
— v. 26-28. « Calvitium... ferocem » A. B. La phrase se construit ainsi : « Ergo, ipsa quæ amiserat populum ferocem [i. e. Cornubia] dilatat calvitium ceu (calvitium) aquilæ, quia perdidit late plumas amplas. »
— v. 32. « Concessere » B. — *Non cessere* A, faute.
Page 84, v. 2. « cesorum » pour « cæsorum » corr. — *cessorum* A. B. — Dans ce même vers, « inimicûm » doit être pris comme une contraction d'« inimicorum. »
— v. 7. « Robustis » corr. — *Arbustis* A. B. Avec cette version il semble impossible d'arriver à un sens supportable.
— v. 9. « jacebit » B. — *jacebat* A, faute.
Page 85, ligne 2. « Putabat » A. — Putabat *autem* B.
— l. 4. « sanctificata » A. — *benedicta* B.
— l. 15. « ad quæ » A. — *atque* B, faute.
— l. 27. « Dimittite » A. — *Dimitte* B.
Page 86, l. 3. « Catmaglus » A. — Catmaelus B.
Page 87, l. 1. « se » corr. — omis dans A et B, indispensable pour la phrase.
— l. 22. « sortibus » corr. — *fortibus* A et B, faute ; car ici (comme à la ligne 25-26 de la même page) il s'agit évidemment des lots faits entre les voleurs des moines pour se partager le butin.
— l. 25. « vos » corr. — *vobis* A et B, faute.
— l. 25-26 « sortem » B. C. — *fortem* A, faute.
Page 88, l. 23. « quasi » B. — omis dans A.
Page 89, l. 4. « ille » B. — omis dans A.
— l. 10. « dixisti » B. — omis dans A.
— l. 11. « petantur » B. — petentur A.
— l. 11, 12, 14. « orare » corr. — orari, A et B, faute.
Page 90, l. 14. « quantum » A. — quantum *tamen* B.
— l. 16. « perpetrare » B. — *impetrare* A, faute.
Page 91, l. 10. « vacare » A. — *natare* B, faute.
— l. 15. « spiritalia » B. — spiritualia A. Les deux formes *spiritualis* et *spiritalis* sont latines, celle-ci cependant meilleure que l'autre. Notre ms. B a toujours *spiritalis*, et le ms. A toujours *spiritualis* : cela dit une fois pour toutes, nous ne relèverons plus cette variante.
Page 92, l. 6. « hoc » B. — omis dans A.
— l. 27. « legens » A. — *qui legat* B.
— l. 29. « ad » B. — omis dans A, faute.

Page 94, ligne 6. « enim » B. — omis dans A.
— l. 10. « illic » B. — omis dans A.
— l. 17. « dulciter » A. — dilciter B, faute.
— l. 31. « egrediebatur » B. — egrediebat A, faute.
Page 95, l. 8. « magnum » A. — *tam* magnum B.
— l. 13. « cùm » B. — omis dans A, faute.
Page 95, l. 18-19. « sequentur » A. — *sic* sequentur B.
— l. 20. « Hoc » A. — Hoc *autem* B.
— l. 32. « quandoque » A. — quandoque *post* B.
Page 96, l. 15. « se » corr. — Ce mot indispensable pour le sens et pour la phrase, manque dans les manuscrits.
Page 97, l. 10. « fluxus titillationem » B. — *fluctus titulationem* A, faute.
— l. 20. « emendemus » corr. — emendamus A. B.
— l. 26. Dans B, le titre du chap. 27 du livre II est ainsi conçu : « De muliere subita cæcitate *et* perculsa *et* ab eodem sanata. » (B, fol. 66 v°.)
Page 98, l. 14. « replevit » A. — *implevit* B.
— l. 26. « affatus » A. — *effatus* B.
Page 99, l. 7. « didiscerat » A. — didicerant B, faute.
Page 100, l. 2. « sumentur » A. — sumuntur B.
— l. 4. « destituentur » A. — destituuntur B, faute.
— l. 12. « Absintium » A. — *absyntium* B, — pour « absinthium. »
— l. 21. « quædam » B. — quadam A, faute.
Page 101, titre du chap. 29 du livre II, 1re l. « communionem » A. — *communicationem* B.
— l. 21. « angelicis » A. — angelis B, faute.
— l. 24. « itaque » A. — *ergo* B.
— même ligne. « dominus » B. — *domnus* A.
Page 102, l. 13. « per quem » A et B. — Ce « quem » se rapportant matériellement à « pignus » est une faute ; mais on peut dire que dans l'esprit de l'auteur il se rapporte directement à Uinualoë, comme s'il y avait « per quem *sanctum*. »
— l. 14. « petita » corr. — peti*tum* A et B. — Il semble impossible de faire un sens acceptable avec ce dernier mot.
Page 103, l. 16. « Rioci » B. — *Brioci* A, faute.
Page 104, vers 1. « maternam » A. — *materiam* B, faute.
— v. 8. « macheram » B. — *maceram* A, faute.
— v. 11 et 12. Le ms. A a ici une singulière lacune ; il ne porte que les trois premiers mots du vers 11 (« Cum sociis paucis ») et les deux premiers du v. 12 (« Peste tegente »).
Page 105, v. 7. « rennuerat » A. — *rennumerat* B, faute.
— v. 10. « Agne » B. — La première lettre de ce mot est entièrement effacée dans A.
— v. 17. « cur remorare » B. — *curre morare* A : mêmes lettres que dans B, il n'y a faute qu'en la façon dont elles sont assemblées.

Page 105, vers 18. « Sancte Budoce » A. — Dans B « Sancte » est omis.
— v. 22. « haut » A. — Ce mot est en interligne d'une main autre que celle du scribe qui a tracé le manuscrit, mais presque aussi ancienne. En ligne il y a *non*, qui n'est ni biffé ni exponctué ; B porte *n* chargé de l'abréviation de *non*.
Page 106, v. 16. « consistere contemplatur » B. « Contemplatur » est pris ici au passif. — Dans A, une correction en interligne fort ancienne a transformé ces deux mots en « *constare* contemplaretur, » leçon certainement inférieure à l'autre.
Page 107, v. 4. « mestûm » A. B, pour « mœstorum. »
— v. 9. « noscens » B. — *nocens* A, faute.
— v. 17. « Quonetheti. » — Il y a ici, dans notre édition, une petite inexactitude : on aurait dû imprimer : « Quoneth*ethi*, » qui est dans tous les manuscrits.
Page 108, v. 2. « Fracani quoque » A. — *Fracanique* B.
— v. 3. « velocior » A. — *velicior* B, faute.
— v. 15. « jam » A. — *non* B, faute. A porte aussi *non*, mais ce mot a été biffé et très anciennement corrigé par *iam* mis en interligne.
Page 109, v. 8, 9, 10. Ces trois vers sont dans A et manquent dans B.
— v. 17. Ce vers est aussi omis dans B.
— v. 20. « famine » B. — *famina* A, faute.
— v. 24. « iteris » A et B, pour *itineris*. Cet *iteris* est d'ailleurs une vieille forme latine.
— v. 25. « colles » A et B, pour *collis*.
Page 110, v. 3. « Amnem » B. — *Omnem* A, faute. *Amnis* ici, c'est la rivière d'Aune, nommé *Ampnis* dans le passage correspondant de la vie en prose, ci-dessus p. 61, ligne 26. — Le dernier mot de ce vers (magnum) devrait être écrit sans majuscule, et la construction grammaticale s'établit comme suit : « Trans fluvium magnum, quem dicunt nomine Amnem. »
— v. 11. « omnino » A, en interligne ; — manque dans B.
— v. 15. « collem » B. — *callem* A.
— v. 21. « Fissa » corr. — *Fisa* A et B, faute.
— v. 23. « opacus » B. — *opacis* A, faute. Dans ce vers le mot *conclusus* est un substantif signifiant un lieu renfermé.
Page 111, v. 4. « et » B. — *ut* A.
— v. 7. « ortum » B. — *tortum* A, meilleur peut-être pour le sens, mais impossible pour le vers.
— v. 8. « sacris » B. — *sanctum* A, faute.
Page 112, v. 12. « serico » A. — *syrico* B.
— v. 15. « crine » corr. — *crinis* A. B, faute.
Page 113, v. 3. « sensum » A. — *aut sensum* B ; cet *aut* est de trop.
— v. 9. « Ludouuicus » A. — *Loduuicus* B.
— titre du chap. XXI. « oratione » A. — *supplicatione* B.
— v. 13 et 14. La leçon de ces deux vers reproduite dans le texte de notre édition est celle du ms. B. Dans les deux autres mss. le

commencement du vers 14 est défiguré par une grosse faute; au lieu de « Quamvis, » A porte *Suavis*, — et au lieu de « in arte, » C (f. 56) porte *marte*. La leçon *Suavis* vient de ce que l'initiale véritable du mot, tracée à l'encre bleue, s'étant effacée de bonne heure, fut à tort dès le xive siècle remplacée par une S à l'encre noire. Mais la copie exécutée au xvie siècle, c'est-à-dire notre ms. C, a conservé, pour ce mot, la bonne leçon, qui est *Quavis*, avec laquelle il est possible d'établir une version de ces deux vers meilleure, c'est-à-dire plus naturelle et plus aisée à comprendre, que celle du ms. B. La voici :

Devotus, fratrum *cùm missa* caterva suorum
Quavis in arte obtemperet,.....

Page 113, vers 26. « Rihocum » A. » — Riochum B.
Page 114, v. 22. « Fasque » A. — *Fas* B.
Page 115, v. 2. « culta monetæ » B. — *cuncta* monetæ A, faute.
— v. 3. « conglomerata » corr. — conglomerati A. B.
— v. 4. « effringere » B. — *effingere* A, faute.
— v. 23. « hos curat » A. — *obscurat* B, faute.
Page 116, v. 3. « coccoque » B. — *cocoque* A, faute.
— v. 9. « habebit » corr. — *abibit* A et B, faute.
— v. 10. « placat » A et B. Pour le sens, *placet* vaudrait beaucoup mieux, cette correction est tentante; elle a contre elle la prosodie, et avec *placat* on fait encore un sens acceptable.
— v. 19. « Mulier; » — lisez : « O mulier. » C'est la leçon actuelle de B, et dans A, en regardant de près, on aperçoit encore la dernière trace d'un O peint en bleu, presque entièrement effacé.
Page 117, v. 1. « nam » A. — *jam* B.
— v. 27. « culmine » B. — *lumine* A, faute.
Page 118, v. 6. « corporis » corr. — *corpore* A et B, faute.
— v. 16. « proponite » corr. — *proponite* A et B, faute.
— v. 23. « psallentia » A et B; semble une faute; *psallens jam* satisferait au sens et au vers; toutefois je n'ai pas osé introduire cette correction dans le texte.
— v. 25. « forte » B. — *sorte* A, faute.
— v. 31. « globulum... tum » B. — *globum... cum* A.
Page 119, v. 4. « reboantibus » A. — *roboantibus* B, faute.
Page 120, INCIPIT HYMNUS. — Dans le ms. B, le texte de cette hymne et celui des deux suivantes est accompagné d'une notation neumatique écrite dans l'interligne. Cet interligne n'étant pas plus large là que dans le reste du volume, il y a lieu de croire que cette notation, non prévue par le scribe, a été ajoutée après coup. Elle n'existe point dans le ms. A.
— v. 19. « Victus » B. — *dictus* A, faute. *Victus* est ici l'accusatif

plur. de *victus, victûs,* nourriture, vivres. La phrase doit s'entendre ainsi : « mystica [id est] victus irradiantis animæ. »

Page 122, vers 6. « preclaris » A. — *præpulchris* B.

— v. 9. « Ast » A. — *At* B.

Page 123, v. 4. « flexo collo » B. — *flexos colla* A, faute.

— v. 10. « Chritus » A. — *Christo* B, faute.

Page 124, v. 7. « esse » A. — *nempe* B.

Page 125, v 8. « lucens » B. — *lucem* A, faute.

— v. 19. « scola » A. — *cola* B, faute.

— v. 20. « rivulis » B. — *parvulis* A.

Page 126, v. 15. « comprendere » B. — *comprehendere* A.

— v. 17. « pone » B. — *pene* A, faute.

Page 127, v. 4. « Revixerunt » B. — *Te vixerunt* A.

— même vers. « corpore » A. — *ætate* B.

— v. 25. « Cujusdam natum » B. — *Cujus dampnatum* A, faute.

Page 129. Le titre : Incipit omelia, etc., est tiré du ms. A. Dans B, cette rubrique est devenue illisible.

— ligne 6. « quo » corr. — *quod* A et B, faute.

— l. 13. « Cornubiensibus » B. — *Cornubensibus* A.

— l. 19. « innotuit » B. — *innutuit* A, faute.

Page 130, l. 1. « rennuere » A et B; mais dans B. la première *n* est exponctuée, ce qui ramène le mot à son orthographe régulière, *renuere.*

Page 131, l. 4. « subsannando » B. — *sussannando* A.

— l. 9. « ansere » A. — *oga* B.

— l. 13. « et sororem ejus sanavit et » B. — *et, sorore sanata* A.

— l. 14. « Et » B. — mot omis dans A.

— l. 21. « in » A. — omis dans B.

Page 132, l. 1. « Riuualus » A. — *Riuálus* B.

— l. 20. « illo » B. — omis dans A.

— l. 21. « sit » A. — *est* B.

Page 133, l. 3. « Latinorum » A et B. — Dans les deux manuscrits du XIe siècle, la cinquième lettre de ce mot est une *n* très bien formée. Ce mot désigne les peuples soumis à l'Église latine ou romaine, spécialement ceux qui habitaient le continent, car il est dit ci-dessus (p. 104, vers 11) que Fracan, lorsqu'il émigra de l'île de Bretagne en Armorique, passa dans le Latium : « devectus rura *Latii.* » Dans la plus ancienne Vie de S. Samson il y a une expression analogue : quand le saint passe sur le continent, on dit qu'il vient « ad *Europam*[1]. » Dans la Vie de S. Paul Aurélien écrite en 884 par Wrmonoc, disciple de Wrdisten (auteur de notre Vie de S. Gwennolé), on trouve l'expression « *per cunctos Latinorum populos,* » qui reproduit

---

1. Vit. S. Samsonis, § 47 et 52, dans Mabillon, *Acta SS. Ord. S. Benedicti,* Sæc. I, p. 177-178.

presque littéralement notre texte : « *per cunctos Latinorum fines,* » et où le mot *Latini* a exactement le même sens. L'édition de cette Vie de S. Paul donnée par la *Revue Celtique* (V, p. 446) porte à tort *lativorum* au lieu de *Latinorum*. Non-seulement ce *lativorum* n'a pas de sens, mais le ms. lat. 12942 de la Bibliothèque Nationale, qui est du xii° siècle et qui a une très bonne version de cette Vie de S. Paul, porte *Latinorum* par une *n* (f. 125 v°), comme l'a aussi imprimé le R. P. dom Plaine dans les *Analecta Bollandiana* (I, 245).

Page 133, ligne 4. « Gradlonus... Cornubiæ rex » A. — Gradlonus... *totius Britanniæ* rex B. Cette dernière version est une altération évidente du texte original de Wrdisten qui porte *Cornubiæ* : altération pratiquée au xi° siècle, quand la légende de Conan Mériadec et de son prétendu royaume de Bretagne commençait à se répandre en Armorique. Il est évident par là que le « *sceptrum Britanniæ,* » prêté à Gradlon au chap. 12 du livre II de la Vie de S. Gwennolé (ci-dessus p. 75, ligne 12), est le produit d'une falsification identique, qui là aussi a remplacé par *Britanniæ* le *Cornubiæ* de Wrdisten.

— l. 6. « mitior » A. — *nitior* B, faute.
— l. 9. « nomine » B. — omis dans A.
— l. 10. « Riocus » A. — *Hriocus* B.
— l. 13. « hesterna » A. — *externa* B, faute.
— l. 16. « illa » — omis dans A et B; ajouté par correction, nécessaire pour fixer le sens.
— l. 17. Dans B, la *Lectio XI* commence à cette ligne.
— l. 19. « onere » A. — *honore* B, faute.
— l. 21. « cesum » A et B, — pour « *cæsum* orbato lumine, » frappé, châtié par la privation de la lumière. Peut-être n'est-ce qu'une faute du scribe pour *cecum* ou *cæcum*.

Page 134, l. 5-6. « non cessat... subnixus » A. — Par la négligence du scribe, ces douze mots manquent dans B.

— « *Lectio XII* » B. — Cette coupure manque dans A, où cette légende liturgique de S. Gwennolé se trouve ainsi partagée en onze leçons seulement : faute évidente, puisque chez les Bénédictins l'office de la nuit, pour les dimanches et les fêtes des saints, comporte douze leçons. (*Reg. S. Bened.,* cap. 11 et 14.)

Page 135, l. 1. « sanctam » B. — omis dans A.
— l. 2. « ut nemo » B. — omis dans A.
— l. 6. L'*Explicit* existe dans B, manque dans A. — Là se termine le ms. lat. 5610 A de la Bibliothèque Nationale, qui ne contient ni la Vie de S. Idunet ou S. Ethbin, ni les chartes de Landevenec, ni les listes des abbés et des comtes de Cornouaille.

Page 137. VITA S. IDIUNETI, etc. — Titre ajouté par l'éditeur. Comme on l'a dit dans l'Introduction, cette pièce est en réalité une Vie de S. Ethbin, qu'on a voulu appliquer à S. Idunet, en supposant à tort que ces deux noms désignent une seule personne. Cette Vie de S. Ethbin a été publiée par les Bollandistes au 19 octobre (A. SS. Oct. VIII, p. 487-488). La Bibliothèque Nationale en a aussi plusieurs manuscrits; nous avons collationné le texte du cartulaire de Landevenec sur celui de ces manuscrits qui nous a semblé le meilleur, qui date du XII° siècle et a pour cote ms. lat. 5284. — La division de la *Vita S. Idiuneti* en 10 chapitres ou paragraphes est de l'éditeur.

Page 137, ligne 1. « Idiuneti » A. — Inutile de dire que partout où le texte du cartulaire de Landevenec a ce nom, le ms. lat. 5284 le remplace par *Etbinus*.

— l. 5. « Eutio » A. — *Euticio* ms. lat. 5284.

— l. 7. « cam » ms. lat. 5284. — *cum* A, faute.

Page 138, l. 1. « Wingualocus » ms. lat. 5284. — *Guingualocus* est l'orthographe constante du cartulaire de Landevenec; nous suivons, comme plus ancienne, celle du ms. 5284.

— l. 7. « secum sociavit » ms. lat. 5284. — *se consociavit* A, faute.

— l. 8. « magnum » A. — *dignum* ms. lat. 5284.

— l. 14. « Ehtbino » A. — A partir d'ici, le cartulaire de Landevenec renonce au nom d'*Idiunetus* et adopte sans retour celui d'*Ethbinus* ou *Ehtbinus*. L'orthographe constante du ms. lat. 5284 est *Etbinus*.

— l. 19. « discipulorum » A. — *apostolorum* ms. lat. 5284.

— l. 21. « itineris » ms. lat. 5284. — *itineri* A, faute.

— l. 22. « appropinquare... impertire » A. Ces deux verbes sont ici transformés en déponents. — Ms. lat. 5284 porte : « appropinqua. »

— l. 29. « tantum est infirmitati » ms. lat. 5284. — *tantæ* est infirmi*tatis* A, faute.

— l. 33. « leviari » ms. lat. 5284, pour *levari* ou pour *alleviari*. — A porte *leviare*, faute.

Page 139, l. 3. « stercoris concremantur » ms. lat. 5284. — *stercus concremant* A.

— l. 28. « vestri » ms. lat. 5284. — *vos* A, faute.

— l. 33. « in similitudinem » ms. lat. 5284. — *similitudine* A.

Page 140, l. 3. « precipere » ms. lat. 5284. — *percipere* A.

Page 141, l. 8. « et sanitatem » A. — *sanitatemque tante infirmitatis* ms. lat. 5284.

— l. 11 « gloriam » A. — *gratiam* ms. lat. 5284.

— l. 15. « cibus » ms. lat. 5284. — omis dans A.

— l. 19. « silva » A. — *insula* ms. lat. 5284.

Page 143. — Les deux titres de cette page sont ajoutés par l'éditeur; il n'y en a aucun dans le cartulaire. — A partir d'ici nous sommes à peu près réduits, pour établir notre texte, au ms. A (cartulaire de Landevenec, ms. de la bibliothèque de Quimper); nous avons relevé toutefois certaines variantes de la copie du XVI° siècle (ms. C) qui nous semblent offrir quelque intérêt.

Page 144, lignes 2 à 4. Les nombres en chiffres romains inscrits originairement à l'extrémité des lignes 2, 3, 4, sont effacés, mais ils ont certainement existé ; nous les rétablissons entre crochets.
— l. 5. « XXI » corr. — *XIX* B, faute.
— l. 21. « Auinione, » — lecture difficile mais que nous croyons certaine, *Avignon*.
— l. 29. « quo... fece » corr. — quod... fecce A, faute.

Page 145, l. 5. « pergentem » corr. — *pergens* A.
— l. 15. « caraximus » A. — *exaravimus* C.
— l. 16. « Ediunetum » A. — Ici le ms. C écrit *Ydiunetum*, et plus bas, l. 20 et 27, *Ydiunetus* et *Ydiuneto*.
— l. 17. « in quendam montaneum » A. — in [quodam] *montano* C.
— l. 24. « Caer Choc » A. — *Kerhoc* C.
— l. 24. « Gumenech » A. — *Gmuenech* C.

Pages 146 et 147. D. Morice a imprimé, dans les *Preuves de l'Histoire de Bretagne* (I, col. 177), le texte des notices III à VIII, sauf celui du n° VI, mais il a omis les titres de ces pièces et modifié l'orthographe de certains noms.

Page 146, l. 1-2. « ex parte Francorum » A, C. — ex *magna* parte, D. Morice.
— l. 5. « mercarer » A. — *merear*, C et D. Morice, faute.
— l. 9. « cupio » C. — *cum pio* A, faute.
— titre de la pièce n° V. Dans le ms. A, comme dans notre édition, il y a un v dans INSVLA et un ʋ dans SEIDHUN.

Page 147, l. 2. « Clecher, XIII villas » A. — *IIII* villas C, *XXX* villas, D. Morice, faute.
— l. 4. « Lanloebon » A. — *Lanlorbon*, D. Morice, faute. — En marge dans le ms. A, vis-à-vis de la ligne où se trouve ce nom, une main du XVIIe siècle a écrit : « Le Louet et Rosmadec, » pour indiquer sans doute une assimilation topographique qui reste très douteuse. Ici et plus loin nous relevons toutes les notes marginales de ce genre, souvent erronées, néanmoins utiles à l'occasion.
— l. 5. « plueu Crauton » et à la ligne 9 « plueu Crauthon » A. — D. Morice imprime à tort, dans ces deux passages, *Pluen-Crauzon*. Le mot *plueu* ou *pluev* est le *plwyf* gallois, le *plew*, *plui* cornique, le *plouef*, *ploué*, *plou*, qu'on trouve dans tant de noms de lieux de la Bretagne armoricaine, et qui désigne une paroisse. — Le ms. C a *Crauzon*, comme D. Morice.
— l. 6. « Aluarpren » A. — *Aualpren* C.

Page 148, l. 3. « Roscatmagli » A. — En marge de la première ligne de cette pièce, dans A, on lit : « Rosmadec, » en écriture du XVIe ou du XVIIe siècle. Mauvaise assimilation. Dans les chartes du XIIe siècle de l'abbaye de Daoulas, *Ros Kadmael* = Roscan-

vel (voir *Preuves de l'Hist. de Bret.* I, 669 et 708); et Ros Kadmael est, évidemment *Ros Catmagli.*

Page 148, ligne 5, pièce n° X, imprimée par D. Morice *(Preuves,* I, 177), qui persiste à écrire *Crauzon* au lieu de *Crauthon,* qui est dans le ms. A.

— l. 6. « Ros Screchin » A. — En marge : « Roseruon, » note du xvie ou du xviie siècle.

— l. 9. « Tref Lés » A. Le dernier e est accentué dans l'original.

— n° XII. — Les u du titre de cette pièce sont dans le ms. A. — A la ligne 21, le ms. A a *Tres,* il faudrait *Tref.*

Page 149, n° XIII. — Impr. dans D. Morice *(Preuves,* I, 177). — Notes marginales du ms. A, en écriture du xviie siècle : 1° en face du titre : « Landreuarzec; » 2° en face du nom de Brithiac : « Briec, 22 villæ. »

— l. 4. « Sub eodem tempore » A. — *Et iterum hec memoria retinet quod* sub eodem tempore C.

— n° XIV. Impr. dans D. Morice *(Preuves,* I, 177-178) d'une façon très fautive.

— l. 21. D. Morice omet les trois noms qui occupent cette ligne de notre édition; à la ligne suivante, au lieu de *Busitt,* il met *Busiet.*

Page 150, l. 1. « Sulian, Lisi, An Laedti, Ludre Sirfic » A. — D. Morice imprime : « Sulion, Lisian, Anloedti, Sudre-Sirfic, » tous noms fautifs. Dans A, entre *Lisi* et *An Laedti,* il y a un nom effacé, dont on distingue (difficilement) un æ, mais cela ne pouvait faire *Lisian,* comme l'a écrit D. Morice; mais *Lisian* est dans le ms. C.

— n° XV. Imprimé dans D. Morice *(Preuves,* I, 178), sauf le titre, dont le dernier mot a bien le mélange de v et d'u que reproduit notre édition.

— l. 6. « Berduualt » A. — Bertwalt, D. Morice.

Page 151, n° XVIII. Dans le ms. A, à droite du titre de cette pièce, en écriture du xviie siècle : « Landremel. »

— l. 7. « Ros Riuuen » A. — *Rosniuinen* C.

— n° XIX. A droite du titre de cette pièce, dans A, en écriture du xviie siècle : « Guinguri. »

— n° XX. Impr., sauf le titre, dans D. Morice *(Preuves,* I, 178), avec des différences assez importantes que nous indiquons ci-dessous.

Page 152, l. 1. « pincerna » C. — *pincera* A.

— l. 3. « nomine [Karolus] Magnus » A. — Le mot *Karolus* seul devrait être entre crochets dans notre édition, car seul il a été restitué, les deux autres sont très lisibles dans A, qui actuellement porte : « nomine *Theodo...* magnus. » Entre « nomine » et « magnus » le scribe du xie siècle avait écrit *Karolus,* les trois premières lettres de ce nom terminant la 9e ligne du fol. 146 r°, et les quatre dernières commençant la 10e ligne. Au xvııe siècle on gratta *Karolus* et au bout de la 9e ligne on écrivit, en imitant plus ou moins mal l'écriture du Cartulaire, *Theod-;* au commencement de la 10e ligne on raviva un peu l'o initial et on laissa les trois dernières lettres presque effacées, supposant sans doute que dans cet état elles figureraient tout aussi bien *sius*, fin du mot « Theodosius, » que *lus*, fin de « Karolus; » toutefois, malgré le grattage, on reconnaît encore assez bien ces trois dernières lettres. — En même temps on modifia dans le même sens une note inscrite au xvıe siècle, en face de ce passage, sur la marge droite du Cartulaire et portant : « 3es nuncii religiosissimi missi à Karolo magno. » On surchargea *Karolo* de *Theodosio*, mais sous cette surcharge on distingue encore la haste du *K* et celle de l'*l* du nom primitif. — Enfin, ce qui ne laisse nul doute sur la version primitive si étrangement déguisée, c'est le ms. C, c'est-à-dire la copie du Cartulaire exécutée au xvıe siècle, auj. ms. lat. 9746 de la Biblioth. Nationale (f. 71 v°), où le nom *Carolus*, en encre plus pâle et en écriture du xvıe siècle, se distingue encore très bien sous la surcharge *Theodosius*, appliquée là à la même époque que dans le ms. A. — Par cette altération on voulait supprimer l'anachronisme résultant du rapprochement de Gradlon et de Charlemagne donnés pour contemporains; on se bornait à le remplacer par un autre, et l'on ne s'apercevait pas que celui-là n'était ni le seul ni peut-être le plus gros de cette pièce fantaisiste. Voir ce que nous en disons dans l'Introduction.

D. Morice a trouvé un moyen plus simple de faire disparaître cet anachronisme : il omet tout simplement les trois mots : « nomine Karolus (*ou* Theodosius) Magnus. » Il omet aussi, mais par pur caprice, trois autres mots de cette même ligne : « Tres nuntii fuerunt. »

Page 152, ligne 9. obprobrium » corr. — Dans A, le *p* de ce mot porte l'abréviation habituelle de *pro*, il faudrait donc lire à la rigueur *obprorobrium*; mais c'est là une simple méprise du scribe, qui un peu plus loin a aussi écrit « *affrmo* » pour « affirmo » (l. 21 de notre p. 152).

— n° XXI. Impr., sauf le titre, dans D. Morice, *Preuves*, I, 178.

Page 153, l. 5-6. « et dampnatus » A. — On avait d'abord écrit « sit et dampnatus; on a ensuite effacé ce second *sit*, dont la trace se voit encore.

— n° XXII. Impr., sauf le titre, dans D. Morice, *Ibid.*, 178.

— l. 8. « Ratiano » A. — En face dans la marge de gauche : « S. Ratianus, » en écriture du xvıııe siècle.

— l. 9. « Scathr, Ti Fentu, Bot Frisunin » A. — *Scaire, Trifentec, Bosfrisunin*, D. Morice.

— l. 10. « vocata est » A. — *vocatur*, D. Morice.

— l. 19-20. « ad sanctum » A. — Après ces mots qui terminent la dernière ligne du f. 147 v°, une main de la première moitié du xvıı^e siècle a ajouté *Guingalocum* (et non *Guingaletum*). Au-dessous, dans la marge inférieure, une autre main (qui ressemble fort à celle de dom Denys Briant) a écrit : *Hic desunt quædam folia;* et un peu plus bas à gauche une note du xve siècle porte : *Nota, defecit hic quidquam.* En effet, il manque là deux feuillets, les 4e et 5° ff. du 19e quaternion du Cartulaire. Cette lacune est antérieure, non seulement au numérotage actuel qui est du xvıı^e siècle (vers 1650) et se poursuit régulièrement sans en tenir compte, mais aussi à la copie du xvı^e siècle contenue dans le ms. C (lat. 9746).

Page 154, n^o xxııı^{bis}. — Les deux lignes placées sous ce numéro sont la fin d'une pièce toute différente du n° XXIII, puisqu'elle en était séparée par deux feuillets.

— l. 2. « anni Domini... CCCC... » A. — Il y a un grattage avant « CCCC » et un autre après. Au-dessus de cette première ligne du f. 148 r°, dom Briant a écrit : « Scriptum fuerat an. DCCCC etc. »

— n° XXIV. Impr., sauf le titre, dans D. Morice, *Preuves,* I, col. 337.

— l. 7. « Ruantrec » A. — *Ruantec,* D. Morice.

— l. 19. « Comes » A. — *Comite,* D. Morice.

— l. 22. « aliis » corr. — *allis* A, faute.

Page 155, l. 3. « mercarer » A. — *mercar,* D. Morice, faute.

— l. 11. « Monsteriolo » A. — *Monasteriolo* C et D. Morice. Du reste, dans A, une main du xvı^e siècle a cru devoir ajouter en interligne un *a* (nullement nécessaire) au-dessus de l'*n* de ce mot.

— l. 14-15. « Caraduc » et les cinq mots suivants sont omis dans D. Morice.

— l. 16 à 20. D. Morice a omis tous les témoins, de « Heuchomarch » à « Hoelechet laicus » inclusivement, et le mot « idonei » à la fin de la ligne 20.

— l. 21-22. « sicut scriptum est » A. — omis dans D. Morice, ainsi que les neuf mots qui suivent.

— l. 25. « Anno DCCCC^{to}.L.IIII. Incarnationis Domini » A. — *Tempore quo vivebat sanctus Guengualoeus, anno Domini CCCC.L.IIII. Incarnationis Domini,* ms. C.

— l. 27. « V^a feria » A. — *sexta* feria, ms. C.

— l. 28. « luna... VII^a » A. — luna... *VIII,* ms. C.

Page 156, n° XXV. Impr., sauf le titre, dans D. Morice, *Preuves,* I, 345. Dans A, le titre de cette pièce est écrit : BAHT WCNRANN ; nous avons dû corriger la faute évidente du dernier mot, ne fût-ce que pour le rendre prononçable.

— l. 10. « Deo » A. — omis dans D. Morice, faute.

— l. 13. « dispensatione » A. — *dispensationem,* D. Morice ; cette variante pourrait être acceptée à titre de correction. Les mots

« suique miseratione : et » de cette même ligne 13 manquent dans D. Morice.

Page 156, lignes 14-15. « qui cuncta » A. — omis par D. Morice, ainsi que les sept mots suivants.

— l. 22. « pacemque » A. — *pacem,* D. Morice.

— l. 22-23. « atque infra mare » A. — omis dans C.

— l. 26. « inclitis » A. — En face, dans la marge de droite : « Hodie Baz » en écriture du xviie siècle.

Page 157, l. 4. « intus urbe » A. — intus urbem, D. Morice.

— l. 5. « ejusdemque sancti æclesiam » A. — *ejusdem sancti* désigne saint Gwennolé, et l'*ecclesia* en question est l'église du bourg de Batz, dédiée à ce saint.

— l. 6. « Bath Uuenran » A. — En face, dans la marge de gauche : « Baz, » en écriture du xviie siècle.

— l. 7. « vicariæ » A. — *wicariæ,* D. Morice, faute.

— l. 8. « Namnetensium » A. — Namnetensi, D. Morice, bonne correction.

— l. 11-12. « modios XX tritici » A. — D. Morice a omis XX.

— l. 18 à 25. D. Morice a représenté par un simple *etc.* le texte de ces huit lignes, sauf les quatre derniers mots de la ligne 25 : « Hi sunt testes qui. »

— l. 26. « Iudhæel » A. — *Judhael,* dans D. Morice, qui omet absolument les quatre témoins suivants, quoique très importants, et passe immédiatement de Judhael à Werec ou « Vuerec » (l. 28).

— l. 29-30. « Pritient, Uucthenoc,... Amhedr » A. — Prigient, Wethenoc *comes,...* Amredy, D. Morice.

— l. 30-31. « Nut, Huon » A. — *Nuthuon,* D. Morice, faute.

— l. 31. « plurimi fideles » A. — omis dans D. Morice, ainsi que les vingt-trois mots suivants jusqu'à « Amen » inclusivement, page 158, ligne 2.

Page 158, l. 4. « supra dictum » A. — *prædictum,* D. Morice.

— l. 6. « hoc » A. — omis par D. Morice.

— l. 10-13. D. Morice supprime dans son édition ces quatre dernières lignes de la charte, sauf le premier mot de la ligne 10 : « Johanni. »

— n° XXVI. Imprimé, sauf le titre, dans D. Morice, *Preuves,* I, 179. — Notes du ms. A : 1° dans la marge de droite, vis-à-vis du titre : « De plebe Hanuec; » 2° vis-à-vis du mot *Thopopegya* : « Hodie Tibidi » (ces deux notes en écriture du xviie siècle); 3° plus bas, en face de *Caer Liuer* ou à peu près : « En Hanuec » (écrit. xvie siècle).

— l. 20. « Chei Chnech Samsun » A. — *Chnech* est en interligne, au-dessus de *Chei,* qui semble un mot que l'on aurait oublié d'effacer, tout en le remplaçant par l'interligne *Chnech.*

— l. 21. Le ms. A porte « Caer Liuer » par un *u,* non par un *v.*

Page 158, ligne 22. « Diri Muur... Gulet Iau » A. — *Dirimur... Gudeletiau,* D. Morice.

Page 159, n° XXIX. Imprimé, sauf le titre, dans D. Morice, *Preuves,* I, 179.

— l. 15. « Enfou » A. — *En Fou,* D. Morice : ce qui semble une bonne correction, car ce nom répond au français *le Fou,* le pays ou *pagus* du Fou, dont le souvenir est conservé jusqu'aujourd'hui dans les noms de Châteauneuf *du Fou,* Plounevez *du Fou,* etc.

— l. 16. « ploe » A. — *plebe,* D. Morice. *Ploe* est le mot breton *ploué* ou *plouef,* voir ci-dessus note sur la ligne 5 de la p. 147; *plebe* est la traduction latine, substituée à tort par D. Morice à la forme bretonne.

Page 160, l. 3. « Ros Meuur » A. — *Rosmeur,* D. Morice. — En face de ce nom, dans la marge de droite, A porte : « Rosmorduc en « Longonna et en Iruillac » (écriture du xvi° siècle).

— n° XXX. Le mot INSULA du titre a un U, non un V dans le ms. A.

— l. 5. « Terenes » A. — En marge, à droite, en écriture fin xvi° ou commencement du xvii° siècle : « Poulbchan » A.

— l. 7-8. « horrenda » A. — La dernière lettre de ce mot a disparu, dans A, par suite d'un trou dans le parchemin.

Page 161, n°s XXIV, XXV, XXV bis. — Dans A, par suite d'un enchevêtrement entre les lignes de ces trois articles et les titres des deux derniers, on pourrait être tenté de lire de façon à adopter la disposition suivante :

« DE BRATBERTH. — Rudheder Carrent Luphant. Caer Niuguinen. Caer Thnou.

« DE CUMMANNA IN PLEBE BERRIVN. — Caer Budian, Tref Gellan, VI villas. »

Outre que, à nos yeux, cette lecture ne représente pas l'ordre véritable du Cartulaire, il y a contre elle cette raison décisive, que Commanna n'a jamais fait ni pu faire partie de la paroisse de Berrien (*Berriun*) : car Berrien a toujours été dans le diocèse de Cornouaille, et Commanna dans celui de Léon. Et de plus ces deux paroisses se trouvent séparées par les territoires de la Feuillée et de Plounéour-Menez.

— n° XXXVI. Imprimé, sauf le titre, dans D. Morice, *Preuves,* I, 336.

Page 162, l. 2. « ex quo » A. — D. Morice a imprimé « ex qua, » mais A porte *exq* avec un *o* abréviatif au-dessus de la dernière lettre.

— n° XXXVII. Imprimé, sauf le titre, dans D. Morice, *Ibid.* 179.

— l. 15. « occidentem » A. — *occidentalem,* D. Morice.

— l. 15. « deprecabantur » A. — *deprecabantur eum,* D. Morice.

— l. 17. « illi » A. — *ei,* D. Morice.

— l. 21. « loco » A. — *hoc,* D. Morice.

— l. 21. « eodem » corr. — *eadem* A.

— l. 22. « subjectione » A. — *directione,* D. Morice.

Page 162, ligne 22. « loci » A. — mot omis dans D. Morice. — Soit, dans l'édition de D. Morice, sept fautes sur une pièce de dix lignes.

Page 163, n° XXXVIII. Imprimé, sauf le titre, dans D. Morice, *Preuves*, I, 338.

— l. 7. « id est Vadum Corneum. » — Dans A, ces mots sont écrits en interligne au-dessus de *Rodoed Carn*.

— n° XXXIX. Imprimé, sauf le titre, dans D. Morice, *Preuves*, I, 335-336.

— l. 15. « Lan Riuuole » A. — *Lanriunole*, D. Morice.

— l. 20, à p. 164, l. 2. « Anno DCCCC^{ti} L. V.... annus embolismus » A. — D. Morice a entièrement omis ces quatre lignes. — Le ms. C. porte « Anno *CCCC*.L.V. » au lieu de « Anno DCCCC.L.V. »

— l. 21. « Indictiones III » A. — En marge « *Ind' XIII*, » écriture du xiii° siècle; note destinée à corriger le chiffre de l'indiction.

Page 164, l. 2. « annus embolismus » A. — Au-dessous de ces mots, le ms. C (f. 76 v°) porte la ligne suivante, de la même écriture que tout ce manuscrit, et dont il n'y a pas trace dans A : « *Anno Domini millesimo CCCC.XXX.VI*. »

— n° XL. Imprimé, sauf le titre, dans D. Morice, *Preuves*, I, 346.

— l. 4. « dignatus nasci » A. — dignatus *est* nasci, D. Morice. Comme, dans toutes les chartes de Landevenec pourvues de cette formule (n°s XXIV, XL, XLII, XLIII), le mot *est* a été omis, quoique nécessairement sous-entendu, il est clair que cette omission est de style et qu'on doit la respecter.

— l. 9. « Tref Neuued. » — En face de ce mot, dans la marge de droite, le ms. A porte « Neuet, » en écriture du xvii° siècle.

— l. 11. « Brouuerec » A. — Broweroc, D. Morice.

— l. 15. « mercaret » A. — mer*carer*, D. Morice.

— l. 16. « infrangere » A. — infri*ngere*, D. Morice.

— l. 16-17. « temptaverit » corr. — *temperaverit* A, faute.

— l. 19. « pars ejus » A. — par*tem* ejus *esse*, D. Morice.

— l. 21. « Terra... orfani. » Nous reproduisons exactement ce que porte le ms. A. — D. Morice corrige ainsi ce passage : « Terra sancta cymiterii *eos* non recipia*t*, et filii corum *sint* orphani. » — On trouve d'ailleurs une version correcte de ces formules dans le n° XXIV, ci-dessus p. 155.

— l. 22. « viduæ » A. — A partir de ce mot, le ms. C a une lacune (par voie d'omission) comprenant la fin de la pièce XL, la pièce XLI tout entière, et la pièce XLII jusqu'au mot *Signum* (exclusivement), qui est à la ligne 20 de la p. 166 ci-dessus : de sorte que, dans le ms. C, les souscripteurs et témoins de l'acte XLII *(Signum Budic comitis,* etc.) sont très abusivement appliqués à l'acte XL.

— l. 22. « peractum » A. — *factum*, D. Morice, faute. D'autres ont ont lu *pactum;* mais, dans le ms. A, la queue du *p* est coupée de la barre horizontale, abréviation ordinaire de *per* ou *par*.

Page 164, ligne 23. « sicut supra diximus » A. — omis dans D. Morice.
— l. 26. « Signum Filii » A. — *Fili*, D. Morice. Nous croyons que le *Filii* du ms. A est en effet la forme latine, génitif, du nom breton *Fili* latinisé en *Filius*, nom qui existe encore dans Ker*fili*, Saint-Malo de *Fili*, etc.
— l. 26. « Rotberth » A. — *Roberti*, D. Morice.
— l. 27. « Clemens » A. — Clemen*tis*, D. Morice.

Page 165, n° XLI. Imprimé, sauf le titre, dans D. Morice, *Preuves*, I, 179. — Le ms. A porte bien, dans ce titre, LIVE BVSITT ; mais ne serait-ce pas une faute du scribe pour LAN BVSITT?
— l. 5. « a rege Hyliberto. » — En face de ces mots, dans la marge de gauche, A porte la note suivante en écriture du XIII° siècle, disposée sur deux lignes comme suit :

..e R' dcc
..us siue tempore S. Martini qui (ou quo) decessit.

On a essayé d'effacer, sitôt écrits, les deux derniers mots, dont par suite la lecture est douteuse. D'autre part, les deux premiers mots de chacune des lignes ayant été fortement rognés par le relieur, impossible d'en rien tirer de certain ni même d'un peu probable. Il y a une lettre accolée à l'e qui commence la première ligne : est-ce un *d*, un *t*, ou un autre caractère? Impossible de le dire, et de même pour le caractère qui précédait le 9 abréviatif (*us*) placé actuellement en tête de la seconde ligne. L'*R* de la première ligne, avec son abréviation, peut être *Rex*, encore cela n'est-il pas sûr. Bref, dans l'état actuel, on ne peut, à notre sens, tirer de cette note rien de sérieux.
— l. 9. « Langurdeluu » A. — Langurdelu, D. Morice.
— l. 11. « visionem » A. — *divisionem*, D. Morice, faute.
— l. 12. « Sancti Huardon. » — En face de ce mot, dans la marge de droite, A porte en écriture du XVII° siècle : « A Landerneau. » La principale, aujourd'hui la seule paroisse de Landerneau, est en effet sous le vocable de S. Houardon.
— l. 14. « Istum » A. — Istu*d*, D. Morice.
— l. 18. « et precepto » A. — omis par D. Morice.
— l. 25. « cum tributum » A. — *cum* est figuré par *cu* avec un signe abréviatif horizontal au-dessus de l'*u*; je crois qu'il y a là une faute du copiste et qu'il faut lire *cujus*. — D. Morice a négligé d'imprimer les deux dernières lignes de cette pièce, à partir justement de « cum tributum. »

Page 166, n° XLII. Imprimé, sauf le titre, dans D. Morice, *Preuves*, I, 338.
— l. 2. « dignatus » A. — dignatus *est*, D. Morice.
— l. 4. « orga, » faute d'impression; lisez « orta. »
— l. 4. « despicio » A. — despicie*ns*, D. Morice.
— l. 7-8. « Dineule » A. — En face de ce nom, dans la marge de droite, A porte « Dincaul, » en écriture du XVII° siècle.
— l. 7. « terrisque » A. — *terris*, D. Morice.

Page 166, ligne 10. « in hereditate » corr. — *ihereditate,* A, faute. D. Morice a imprimé : « *et* hereditate. »

— l. 19. « recipiant... orfani » A. — D. Morice rectifie : « recipia*t* eos... sin*t* orphani. »

— l. 22. « presbiteri » corr. — presbiter*is* A, faute.

— l. 22. « Bidian » A. — *Bidiam,* D. Morice.

Page 167, n° XLIII. Imprimé, sauf le titre, dans D. Morice, *Preuves,* I, 336.

— l. 1. « Dei » A. — *Domini,* D. Morice.

— l. 2. « dignatus » A. — dignatus *est,* D. Morice.

— l. 7. « Uuenuc » A. — *Weneuc,* D. Morice.

— l. 8. « Plueu Eneuur » A. — *Pleu-eneur,* D. Morice. — En face de ce nom, dans la marge de droite, A porte, en écriture du XVIIe siècle : « Plomeur a conquis Lanuern. » Le mot *conquis* a été biffé, et, comme on avait d'abord écrit à tort *Leanuern,* en voulant biffer le premier *e* de ce mot, on a aussi par mégarde biffé l'*L.* Quoiqu'il y ait *Plomeur,* il faut lire Plonéour (Plonéour Cap-Caval), auj. commune du c^{ton} de Plogastel Saint-Germain, arrond. de Quimper; d'abord parce que Plomeur ne peut représenter *Plueu Eneuur,* puis parce que Plomeur ne touche pas Lanvern, auj. simple village en Plonéour à 1,200 mètres environ au N.-E. du bourg paroissial, — et qui était autrefois une petite paroisse, tombée dès le XVIIe siècle (comme le constate cette note) au rang de trève ou succursale de Plonéour, quoique le *Dictionnaire de Bretagne* d'Ogée donne encore à Lanvern (en 1777) le titre de paroisse.

— l. 8. « Tnou Laian » A. — *Tnouladan,* D. Morice.

— l. 9. « Hæ Silin » A. — *Haisilin,* D. Morice.

— l. 10. « Pumurit » A. — Auj. Peumerit ou Peumerit-Cap, à 2,400 mètres au N.-O. de Plonéour, et auj., comme Plonéour, c^{ne} du c^{ton} de Plogastel-Saint-Germain.

— l. 10. « molina Corram » faute d'impression. Il faut lire « Corran, » conformément au texte du ms. A.

— l. 17. « Amen. » — Dans ce mot tracé en capitales par le scribe du Cartulaire, l'avant-dernière lettre est un H, figurant sans doute un *éta* grec.

— n° XLIV. Imprimé, sauf le titre, dans D. Morice, *Preuves,* I, 337.

— l. 20. « in » A. — omis dans D. Morice.

— l. 20. « Caer Uurican » A. — *Caerwitean,* D. Morice. Dans A, le sommet de l'*i* touche le crochet de l'*r* qui le précède; néanmoins, en décomposant le mot avec attention, on ne peut lire que *Uurican,* lecture confirmée d'ailleurs par le titre de la charte, où ce mot est nettement écrit.

— l. 21. « in ditatione, id est, enep guerth » A. — D. Morice imprime « in enepguerth » et supprime les trois mots intermédiaires. *Ditatione* semble une faute du scribe, pour *dotatione.*

Page 168, n° XLV. Imprimé, sauf le titre, dans D. Morice, *Preuves,* I, 337.

— l. 6. « prematuré » A. — *premebatur,* ms. C et D. Morice. — Le ms. A porte : *p mat,* avec le signe abréviatif de *pre* au-dessus du *p* et, au-dessus du *t,* une autre abréviation représentant *ur* soit seul soit avec une désinence. L'*a* et l'*m* de *mat* se touchent, et il n'y a entre elles nulle trace de la syllabe *eb* ajoutée dans C. La meilleure et la plus simple lecture semble donc être *prematuré,* qui signifie que Budic était ainsi terrassé par la maladie à un âge encore peu avancé, dont la vigueur eût dû l'en défendre.

— l. 11. « silva » A. — *in* silva, D. Morice.

— l. 12. « Demett » A. — Demelt, D. Morice. C'est Plozévet, paroisse qui n'est pas bien loin de Plonéour, auj. dans le même canton.

— l. 11-12. « IIII^{or} villas... Caer Uuenheli » A. — Nous avons imprimé les noms de lieux qui remplissent ces deux lignes en reproduisant exactement la ponctuation du Cartulaire; peut-être y aurait-il lieu de la modifier comme suit : « tradidit.... IIII^{or} « villas : silva Carrec duas, in vicario Eneuur Caer Bullauc, in « vicario Demett Caer Uuenheli. » — C a ici « vicaria » au lieu de « vicario. »

— l. 15. « hoc permaneat » A. — D. Morice a ici refait le texte du Cartulaire, en supprimant *hoc* et changeant « permaneat » en « perman*ent,* » qui prend alors pour sujet le « hæc omnia » de la phrase précédente.

— n° XLVI. Imprimé, sauf le titre, dans D. Morice, *Preuves,* I, 338.

— l. 19-20. « hereditate vicarium unum Edern » A. — D. Morice a omis les trois premiers mots. — En face du mot *Edern,* dans la marge de gauche de A, ce nom se trouve répété en écriture du xviie siècle. — Au lieu de « vicari*um* un*um,* » C porte « vicari*am* un*am.* »

Page 169, l. 4. « temere » A. — omis dans D. Morice.

— l. 4. « de libro » A. — *deleatur* de libro, D. Morice : mot ajouté sans nécessité.

— l. 11. « Salute*n* » A. — Salute*m,* D. Morice. On peut lire l'un comme l'autre, la lettre finale étant suppléée par une abréviation qui représente à la fois *m* et *n.*

— l. 11-12. « Blinliuguet » A. — Blin*l*iguet, D. Morice, faute.

— n° XLVII. Imprimé, sauf le titre, dans D. Morice, *Preuves,* I, 347.

— l. 15. « Tref Iulitt » A. — Un peu plus haut que ce nom, dans la marge de droite, A porte : « Trefily en Plomeur » (écriture du xviie siècle). *Plomeur* est encore ici pour Plonéour, car dans cette dernière paroisse il y a encore maintenant, à 2,700 mètres environ au S. du bourg paroissial, un village appelé *Trevily* sur la carte de France de l'état-major (feuille 72), et *Trivillit* sur celle de Cassini (n° 172).

Page 169, ligne 15. « vicario Eneuur » A. — vicaria En*eur*, D. Morice. — vicaria, C.

— l. 16. « in » manque dans A.

— l. 16. « suæ » A. — omis dans D. Morice.

— l. 17. « ac mortuorum » A. — *atque defunctorum*, D. Morice; variante de fantaisie.

— l. 21. « Licamanu » A. — Licama*na*, D. Morice, faute.

Page 170, n° XLVIII. Imprimé, sauf le titre, dans D. Morice, *Preuves*, I, 379.

— l. 4. « properaret » A. — *præpararet*, D. Morice, faute.

— l. 5. « Tref Tudoc » A. — Tref-*Ludoc*, D. Morice, faute.

— l. 5-6. « Neugued » A. — Negued, D. Morice.

— l. 8. « Gurlouuen » A. — Curlowen, D. Morice.

— l. 8. « Vheluou » A, dans l'orthographe actuelle « Uhelveu. » — *Uheleu*, D. Morice.

— l. 9. « Maelucun » A. — Maeluco*n*, D. Morice.

— l. 13. « quadam vice adjuvit eum de » A. — Le texte du n° XLIX s'arrête là, la fin de cette notice n'a point été transcrite sur le Cartulaire. Là s'arrête aussi l'écriture la plus ancienne de ce manuscrit, celle qui correspond à la date 1047 de la liste des abbés, voir ci-dessus p. 144, l. 1.

— n° L. Imprimé dans D. Morice, *Preuves*, I, 467. L'écriture de cette pièce, dans le ms. A, est de la fin du xi° siècle ou du commencement du xii°. Dans le blanc qui précède la première ligne, à gauche, une main du xvi° siècle a écrit : « *Castellin;* » et une du xvii°, en face de la première ligne, dans la marge de droite : « Menchom. »

Page 171, l. 7. « abbatt Tudi » A. — abba*s* Tudi, ms. C et D. Morice. *Abbatt* étant la forme bretonne, il y a intérêt à la reproduire fidèlement.

— l. 7. « Ehoarn » A. — *Thoarn*, D. Morice, faute.

— n° LI. Imprimé dans D. Morice, *Preuves*, I, 467. — L'écriture de cette notice nous semble du même temps que celle du n° L, quoiqu'elle s'en distingue surtout par la longueur particulière des hastes. — Notez que Justin, abbé de Landevenec, ici mentionné, était le prédécesseur immédiat de l'abbé Guillaume qui figure dans le numéro précédent.

— l. 19. « de Sancto Melanio » A. — de Sancto Melan*do*, D. Morice, faute.

— l. 21-23. « Redoredo... Lancelino » A. — D. Morice a omis ces deux dernières lignes de la pièce, contenant les noms d'onze témoins.

— n° LII. L'écriture de cette pièce est du xii° siècle.

Page 172, n° LIII. L'écriture de cette pièce est de la fin du xii° siècle ou du commencement du xiii°.

Page 172, ligne 8. « plebe » corr. — Dans le ms. A, le scribe avait d'abord écrit *clebe*; s'étant aperçu de cette faute, il s'est borné pour la corriger à mettre une queue au *c* initial, ce qui donne *qlebe*; mais la méprise est si évidente, la correction si certaine, que nous n'avons pas hésité à imprimer *plebe* dans notre texte.

— n° LIV. Cette liste des comtes de Cornouaille est en écriture du XII° siècle. La note « *Huc rediens... recuperavit* » imprimée ci-dessus, l. 23-24 de notre p. 172, est en caractères plus petits que ceux des noms qui forment la liste, mais à la taille près entièrement semblables, et à nos yeux cette note est de la même main que la liste. Elle n'est pas sur la même ligne que le nom *Iahan Reith*, mais un peu plus haut à droite, dans l'intervalle qui sépare la ligne portant ce nom de celle où il est écrit : *Budic et Maxenri duo fratres*.

Page 173, l. 9. « Budic Bud Berhuc » A. — *Budic* est de même écriture que le reste de la liste; *Bud Berhuc*, d'une écriture plus récente qui semble du XIII° siècle. Il en est de même, l. 12, de « Houel Huuel, » le dernier mot *(Huuel)* de la même main évidemment que *Bud Berhuc*.

— n° LV. Note en écriture du XVI° siècle, inscrite sur le blanc de la page où se trouve la liste des comtes de Cornouaille, au-dessous de la note *Huc rediens* etc., vis-à-vis des noms *Daniel Unua, Gradlon Flam, Concar Cheroenoc*.

— l. 17. « filius suus dederunt » — entre les deux derniers mots rétablir ceux-ci : « *pro sanitate filii sui*, » omis par l'imprimeur.

Page 174, l. 3. « XII denarios. » — Suivent sept lignes trop mutilées par le ciseau du relieur pour qu'on en puisse tirer aucun sens.

Page 175, l. 4-6. « Lan-Ritian... decimat. » — Ces trois lignes sont exactement de la même écriture que le reste du n° LX; toutefois, elles semblent se rapporter au n° XVI (ci-dessus p. 150), et le reste du n° LX au n° XVIII (ci-dessus p. 151).

— l. 13. « [c]emer, » mot placé en interligne au-dessus du latin *aripennum*, en est la traduction en breton moyen; c'est le *kever, kefer, kenver* (arpent) d'aujourd'hui, en gallois *cyfair* ou *cyfar* dans le Dictionnaire de Davies.

Page 176, l. 7, 9, 16. « Haelguthen... Haelguehen... Haelguethen. » — Notez ces trois formes d'un même nom dans une pièce qui semble écrite avec soin. — A la ligne 16, le commencement du mot étant au bord de la page rogné fortement par le relieur, on ne lit plus que « ..elguethen. »

— l. 14. « *kempenet*, » forme altérée du mot *kemmenet* ou *kemenet*, du verbe breton *kemmen*, en latin *commendare*, qui répond au gallois *cymmyn* donné par Davies. Dans l'*Histoire de Judicaël*, écrite au commencement du XI° siècle par Ingomar, et dont quelques parties sont venues jusqu'à nous, le nom de Kemenet-Ili, donné au moyen-âge à une région du pays de Léon, est traduit par *Commendatio Ili*; voir *Chronicon*

Briocense, ms. lat. de la Biblioth. Nat. n° 9888, f. 51 v°, et *Vit. S. Judicael,* dans ms. lat. 9889, f. 122 et 124. — Au moyen-âge, en breton, *kemenet* = fief. De là les noms de plusieurs grandes seigneuries bretonnes, entre autres le Kemenet-Heboë (à Hennebont), le Kemenet-Guégan dit plus tard par corruption Guemené-Guingamp, le Quéménet près Quimper, le Quéménet en la presqu'île de Tréguer, etc.

Page 177, ligne 1, 2. Les mots « in villa [que] dicitur Ch[er]gueleu[en] » sont placés dans la marge un peu au-dessus de « Juxta territorium Lesna[r]uuor; mais une croix, servant de renvoi, placée après ce dernier mot, montre que le premier membre de phrase ci-dessus doit être ici même intercalé dans la note marginale commençant par « Juxta. » Pour justifier d'abondant cette intercalation, on peut voir, sur la carte de France de l'état-major (n° 72, feuille de Quimper), *Lesnarvor,* ancienne seigneurie assez importante, aujourd'hui village à 1 kilomètre au S.-E. du bourg de Pouldreuzic, mais cependant en la com^{ne} de Plovan (c^{ton} de Plogastel-Saint-Germain, arrond. de Quimper, Finistère); et à 2,400 mètres N.-E. de Lesnarvor on trouvera le village de *Kergueleven* (Chergueleuen) qui est, lui, en Pouldreuzic, mais, on le voit, bien rapproché de Lesnarvor.

— l. 4. « Desar... filius Harsch... » — Il faut lire probablement, en les complétant, ces noms : « Desarvoe filius Harschoet. »

— l. 6-7. « de Car Luoc. » — Ces trois mots sont écrits en interligne, au-dessus de « duorum hominum, » qui est raturé.

— n° LXVII. Le récit de ce miracle est tracé, en écriture de la fin du XIIe siècle, sur le verso et le recto de deux feuillets de parchemin formant les gardes supérieures du cartulaire de Landevenec. Au verso du second feuillet, dès l'époque où fut écrite dans ce volume la Vie de S. Uinualoë, on avait peint la scène du crucifiement : Notre-Seigneur sur la croix, au pied de la croix la Vierge et saint Jean.

Page 178, l. 17. « talia Deo simul et ejus college. » — Le dernier mot désigne S. Uinualoë, parce qu'il habite au ciel avec Dieu.

— l. 17. « si. » — Ce mot, omis dans le manuscrit, est indispensable pour le sens.

— l. 24-26. Le cri (« clamor ») de reconnaissance adressé à S. Uinualoë est exprimé ici de façon à former un hexamètre et demi, comme suit :

. . . . Pius adsit Wingualoeus
Nosque diu mestos faciat medicamine letos.

— n° LXVIII. — Cette note n'existe que dans le ms. C, où elle sépare la Vie de S. Idunet (*alias* S. Ethbin) de la notice rapportant la donation faite par ce saint à S. Uinualoë : elle tient donc précisément la place occupée dans le ms. A par la liste des abbés de Landevenec, qui n'a point été transcrite dans le ms. C, omission assez inexplicable si ce ms. a été copié directement sur A. — Quant à l'anecdote contenue dans le n° LXVIII, c'est une petite légende populaire, vraisemblablement imaginée pour expliquer l'interdiction absolue aux femmes d'entrer dans le monastère de Landevenec, constatée ci-dessus par Wrdisten, p. 66, (*Vit. S. Winualoci*, lib. I, cap. 7) : légende certainement plus ancienne que l'époque du copiste du ms. C.

Page 178, ligne 29. « Petranus. » — Récemment un critique a traduit ce nom par Pierre (voir *Bulletin du Comité des travaux historiques du ministère de l'instruction publique*, Section d'histoire, de philologie et d'archéologie, année 1882, p. 421, note). Dans le ms. C il est figuré par la syllabe *Pet*, accompagnée (à sa droite) de deux signes abréviatifs, l'un qui touche le *t* = *ra*, l'autre à droite du premier = *us*. On ne peut donc tirer de là que *Petranus*, qui n'est point Pierre, mais Perran ou Péran, nom breton assez connu.

Page 179, l. 2-3. « ad audiendum sermones predicti sancti (Guengualoci). » — « Pour entendre les paroles, les sermons de S. Gwennolé. » — Le critique traduit : « pour aller entendre prêcher *la vie* de S. Guenolé. » (*Bulletin du Comité, ibid.*) Dans le latin il n'est point question de la *vie* de S. Gwennolé, mais de S. Gwennolé lui-même, vivant et parlant. Le critique a compris qu'il était mort.

— l. 6. « resuscitati et reparati. » — Le critique reproche à S. Gwennolé de « bien mal récompenser » ses dévots, puisque (selon lui) il eût rendu à Péran ses enfants seulement, non sa maison. Il y a cependant en toutes lettres : « tres liberi et domus *combusti* « et mortui — resuscitati et *reparati*. » Ce dernier mot s'applique nécessairement, au moins pour une part, à la maison.

— n° LXIX. Cette notice n'existe que dans le ms. C, qu'elle termine et où elle tient la place de la liste des comtes de Cornouaille dans le ms. A : liste omise par C; omission (nous le répétons ici) difficile à concevoir si C a été copié directement sur A. — Quant à la tradition pseudo-historique relatée dans cette notice, quoique elle ne semble pas bien vieille, elle est certainement antérieure au copiste du ms. C et doit remonter au moins au XV° siècle.

— l. 11. « Cleruie » ou « Clervie, » — génitif de *Clervia*, forme adoucie de *Chreirbia*, qui est le nom de la sœur de S. Gwennolé, au chap. XIV du livre I°¹ de la Vie du saint par Wrdisten, voir ci-dessus p. 31, l. 26.

— l. 15-16. « in dominatione Curie Albe. » *Alba* c'est *Guen* (blanc ou blanche, en breton), et Guen c'est la mère de Gwennolé. *Curia Albæ*, la Cour de Guen est en breton *Les-Guen*. En Plouguin, paroisse du pays de Léon (auj. com^ne du c^ton de Ploudalmézau, arrond. de Brest, Finistère), il y a un lieu dit Lesguen ou Lesven, autrefois seigneurie de quelque importance. La tradition pseudo-historique relatée par la notice finale de C a dû être inventée par les seigneurs de Lesguen, pour vieillir et illustrer leur origine. On retrouve cette tradition, avec de fortes additions aussi fabuleuses qu'elle, dans les *Vies des Saints de Bretagne* d'Albert Legrand, au § I de la *Vie de S. Guénolé*. — La notice du ms. C mêle le vrai au faux et attribue à Fracan deux domaines, l'un fabuleux : *Curia Albe* ou Les-Guen ; l'autre réel, arrosé par le fleuve *Sanguis* ou Gouët, et que la notice nomme à tort « Curia *Sanguinaria,* » mais qui est Ploufragan.

INDEX DES CITATIONS BIBLIQUES

Nota. — Les versets dont le chiffre est suivi d'un astérisque sont ceux dont le texte fourni par le Cartulaire de Landevenec diffère plus ou moins de celui de la Vulgate.

I

TABLE DES CITATIONS DANS L'ORDRE DU CARTULAIRE.

Page 11, lignes 13-15. Domine... posita. *Esther* XIII, 9*.
— l. 19-22. Quid... Deo. *Ps.* CXV, 12, 13, 14*.
Page 15, l. 12-14. corpus in servitutem redigens. *1 Cor.* IX, 27.
Page 17, l. 11-12. Qui... spermit. *Luc.* X, 16.
Page 19, l. 22-23. Nescitis... vobis. *1 Cor.* III, 16.
— l. 24-26. Quæ... Domino. *Ps.* IV, 5, 6.
Page 21, l. 9-10. Qui... exaudiat. *Prov.* XXI, 13*.
— l. 11. Quamdiu... fecistis. *Math.* XXV, 40*.
— l. 21-22. Beati... cælestibus. *Luc.* VI, 21*.
Page 22, l. 17-20. Noli... loqueris. *Jerem.* I, 7*.
— l. 20-21. (allusion) *Dan.* XIII, 51.
— l. 22-23. Precipe... contempnat. *1 Timoth.* IV, 12.
Page 23, l. 1. Lætare... tua. *Eccle.* XI, 9.
— l. 24. Non... bovis. *Deuter.* XV, 18*.
Page 26, l. 13-16. Sicut... sanare. *Math.* IX, 27, cf. *Luc.* XVIII, 38.
— l. 17-18. Argentum... do. *Act.* III, 6.
Page 29, l. 11-12. justorum... diem. *Prov.* IV, 18.
— l. 18-20. Et... lampadarum. *Ezech.* I, 13.
Page 33, l. 2-3. (allusion) *Hebr.* XI, 27.
— l. 4. Sine... suos. *Math.* VIII, 22*; *Luc.* IX, 60*.
Page 34, l. 8-9. Benedictus... Domini. *Ps.* CXVII, 26.

Page 40, l. 11. Fui... dominico. *Apocal.* I, 10.
— l. 21. Angeli... Patris. *Math.* XVIII, 20.
Page 41, l. 14-16. Unde... tui. *4 Reg.* V, 25, 26.
Page 42, l. 10-11. Quia... lumen. *Ps.* XXXV, 10.
— l. 12-14. Sitivit... Dei. *Ps.* XLI, 3.
— l. 17-18. Sic... gloriam tuam. *Ps.* LXII, 3.
— l. 30. Estote... sum. *Levit.* XI, 44.
Page 43, l. 3. Dei agricultura... estis. *1 Cor.* III, 9.
Page 58, l. 5. Propter... die. *Ps.* XLIII, 22.
— l. 7-8. Quia... eum. *Math.* XXIV, 47.
— l. 13-14. Condelector... meæ. *Rom.* VII, 22, 23*.
— l. 17-19. Qui... habebit eam. *Joann.* XII, 25*.
Page 59, l. 8. Pennata... feriunt. *Ezech.* III, 13* (?).
— l. 18. Superiores... arbitrantes. *Philipp.* II, 3.
Page 70, l. 18-26. Detracta... laci. *Isai.* XIV, 11, 12, 13, 14, 15.
— l. 27-33. Omnes... perditorum. *Isai.* XIV, 18, 19*, 20*.
Page 71, l. 8-10. Cedri... illius. *Ezech.* XXXI, 8.
— l. 12-13. Signaculum... fuisti. *Ezech.* XXVIII, 12, 13.
— l. 22-23. Quia... colitur. *2 Thessal.* II, 4*.
Page 73, l. 20-21. Quia... manducabam. *Ps.* CI, 10,
Page 74, l. 16-17. Et... miscebam. *Ps.* CI, 10.
Page 83, vers 5-6. Ubi... leonum. *Nahum* II, 11*.
— v. 22. Calvitium... aquilarum. *Mich.* I, 16*.
Page 88, l. 7. Qui... glorietur. *2 Cor.* X, 17.
— l. 19-21. Infirmus... ad me. *Math.* XXV, 36*.
Page 89, l. 2-3. Subvenite oppresso. *Isai.* I, 17.
— l. 3-4. Ego percutiam... eruere. *Deut.* XXXII, 39*.
— l. 9. Petite... vobis. *Math.* VII, 7; *Luc.* XI, 9.
— l. 15-16. Non... illo. *1 Joann.* V, 16.
— l. 17-18. Misericordiam... sacrificium. *Ose.* VI, 6*; *Math.* IX, 13*; XII, 7*.
— l. 18-19. Diligite... vos. *Math.* V, 44; *Luc.* VI, 27.
— l. 20. Orate... vos. *Math.* ibid.
Page 90, l. 16-18. Nolite... fratrem suum. *1 Cor.* VII, 5*, et *1 Thessal.* IV, 6*.
— l. 22-23. Non... concupiscas. *Exod.* XX, 15, 17*.
Page 91, l. 20-21. crucifixus... mundo. *Galat.* VI, 14.
Page 97, l. 5-7. Quo ibo... ades. *Ps.* CXXXVIII, 7, 8.
— l. 8-9. Quia tenebræ... meæ. *Ps.* CXXXVIII, 12, 13.
— l. 12-13. Confitebor... magnificatus es. *Ps.* CXXXVIII, 14*.
— l. 14-15. Preoccupemus... ci. *Ps.* XCIV, 2.
Page 101, l. 5-6. Beati... vocabuntur. *Math.* V, 9.
— l. 6-7. non mittere... gladium. *Math.* X, 34.
Page 102, l. 6. Quod... judicaremur. *1 Cor.* XI, 31*.
Page 137, l. 15-16. Qui... discipulus. *Luc.* XIV, 33.
Page 138, l. 16 et 19. (allusion) *Act.* III, 6.
Page 139, l. 25-27. (allusion) *Luc.* IX, 26.

Page 156, lignes 5-7. Quicunque... in eo. *1 Joan.* III, 17*.
— l. 8-9. Quod uni... fecistis. *Math.* XXV, 40*.
— l. 9. Qui vos... contempnit. *Luc.* X, 16*.
— l. 9-10. Qui dat... Deo. *Prov.* XIX, 17*.
Page 169, l. 2-3. Dominus custodiat... Dominus. *Ps.* CXX, 7.
Page 171, l. 16-17. Hospes... me. *Math.* XXV, 43*.

II

TABLE DES CITATIONS DANS L'ORDRE DES LIVRES SAINTS.

Citations faites dans la Vie de S. Gwennolé.

Ancien Testament.

Exode. XX, 15, 17* (p. 90, l. 22).

Lévitique. XI, 44 (p. 42, l. 30).

Deutéronome. XV, 18* (p. 23, l. 24) — XXXIII, 39* (p. 89, l. 3).

IV livre des Rois. V, 25, 26 (p. 41, l. 14).

Esther. XIII, 9* (p. 11, l. 13).

Psaumes. IV, 5, 6 (p. 19, l. 24) — XXXV, 10 (p. 42, l. 10) — XLI, 3 (p. 42, l. 12) — XLIII, 22 (p. 58, l. 5) — LXII, 3 (p. 27, l. 17) — XCIV, 2 (p. 97, l. 14) — CI, 10 (p. 73, l. 20 et p. 74, l. 16) — CXV, 12, 13, 14* (p. 11, l. 19) — CXVII, 26 (p. 34, l. 8) — CXXXVIII, 7, 8, 12, 13, 14* (p. 97, l. 5, 8, 12).

Proverbes. IV, 18 (p. 29, l. 11) — XXI, 13* (p. 21, l. 9).

Ecclésiaste. XI, 9 (p. 23, l. 1).

Isaïe. I, 17 (p. 89, l. 2) — XIV, 11, 12, 13, 14, 15, 18, 19*, 20* (p. 70, l. 18 et l. 27).

Jérémie. I, 7* (p. 22, l. 17).

Ézéchiel. I, 13 (p. 29, l. 18) — III, 13* (p. 59, l. 8) — XXVIII, 12, 13 (p. 71, l. 12).

Daniel. XIII, 51 (p. 22, l. 20).

Osée. VI, 6* (p. 89, l. 17).
Michée. I, 16* (p. 83, l. 22).
Nahum. II, 11* (p. 83, l. 5).

NOUVEAU TESTAMENT.

S. Mathieu. V, 9 (p. 101, l. 5) — V, 44 (p. 89, l. 18 et 20) — VII, 7 (p. 89, l. 9) — VIII, 22* (p. 33, l. 4) — IX, 13* (p. 89, l. 17) — IX, 27 (p. 26, l. 13) — X, 34 (p. 101, l. 6) — XII, 7* (p. 89, l. 17) — XVIII, 20 (p. 40, l. 21) — XXIV, 47 (p. 58, l. 7) — XXV, 36* (p. 88, l. 19) — XXV, 40* (p. 21, l. 11).

S. Luc. VI, 21* (p. 21, l. 21) — VI, 27 (p. 89, l. 18) — IX, 60* (p. 33, l. 4) — X, 16 (p. 17, l. 11) — XI, 9 (p. 89, l. 9) — XVIII, 38 (p. 26, l. 13).

S. Jean. XII, 25* (p. 58, l. 17).

Actes des Apôtres. III, 16 (p. 26, l. 17).

S. Paul aux Romains. VII, 22, 23* (p. 58, l. 13).
— I aux Corinthiens. III, 9 (p. 43, l. 3) — III, 16 (p. 19, l. 22) — VII, 5* (p. 90, l. 16) — XI, 31* (p. 102, l. 6).
— II aux Corinthiens. X, 17 (p. 88, l. 7).
— aux Galates. VI, 14 (p. 91, l. 20).
— aux Philippiens. II, 3 (p. 59, l. 18).
— I aux Thessaloniciens. IV, 6* (p. 90, l. 16).
— II aux Thessaloniciens. II, 4* (p. 71, l. 22).
— I à Timothée. IV, 12 (p. 22, l. 22).
— aux Hébreux. XI, 27 (p. 33, l. 2).

I Épitre de S. Jean. V, 16 (p. 89, ligne 15).

Apocalypse. I, 10 (p. 40, l. 11).

Dans les autres parties du Cartulaire.

Psaumes. CXX, 7 (p. 169, l. 2).
Proverbes. XIX, 17* (p. 156, l. 9).

S. Mathieu. XXV, 40* (p. 156, l. 8) — XXV, 43* (p. 171, l. 16).
S. Luc. IX, 26 (p. 139, l. 25, allusion) — X, 16* (p. 156, l. 9) — XIV, 33 (p. 137, l. 15).
Actes des Apôtres. III, 16 (p. 138, l. 16 et 19, allusion).
I Épître de S. Jean. III, 17* (p. 156, l. 5).

III

TABLE DES CITATIONS

DONT LE TEXTE DIFFÈRE PLUS OU MOINS DE CELUI DE LA VULGATE.

Dans la Vie de S. Gwennolé.

Exode. XX, 17 (p. 90, l. 23).
Deutéronome. XXV, 18 (p. 23, l. 24) — XXXII, 39 (p. 89, l. 3).
Esther. XIII, 9 (p. 11, l. 13).
Psaumes. CXV, 13, 14 (p. 11, l. 20) — CXXXVIII, 14 (p. 97, l. 12).
Proverbes. XXI, 13 (p. 21, l. 9).
Isaïe. XIV, 19, 20 (p. 70, l. 28).
Jérémie. I, 7 (p. 22, l. 17).
Ézéchiel. III, 13 (p. 59, l. 8).
Osée. VI, 6 (p. 89, l. 17).
Michée. I, 16 (p. 83, l. 22).
Nahum. II, 11 (p. 83, l. 5).
S. Mathieu. VIII, 22 (p. 33, l. 4) — IX, 13 (p. 89, l. 17) — XII, 7, (p. 8, l. 17) — XXV, 36 (p. 88, l. 19) — XXV, 40 (p. 21, l. 11).
S. Luc. VI, 21 (p. 21, l. 21) — IX, 60 (p. 33, l. 4).
S. Jean. XII, 25 (p. 58, l. 17).
S. Paul aux Romains. VII, 22 (p. 58, l. 13).

— I aux Corinthiens. VII, 5 (p. 90, l. 16) — XI, 31 (p. 102, l. 6).
— I aux Thessaloniciens. IV, 6 (p. 90, l. 16).
— II aux Thessaloniciens. II, 4 (p. 71, l. 22).

Dans le reste du Cartulaire.

Proverbes. XIV, 17 (p. 156, l. 9).
S. Mathieu. XXV, 40 (p. 156, l. 8) — XXV, 43 (p. 171, l. 16).
S. Luc. X, 16 (p. 156, l. 9).
I Épitre de S. Jean. III, 17 (p. 156, l. 5).

FIN

www.ingramcontent.com/pod-product-compliance
Lightning Source LLC
Chambersburg PA
CBHW051911160426
43198CB00012B/1839